충청 환상동화 1

Contentes amoureux du Chungcheong

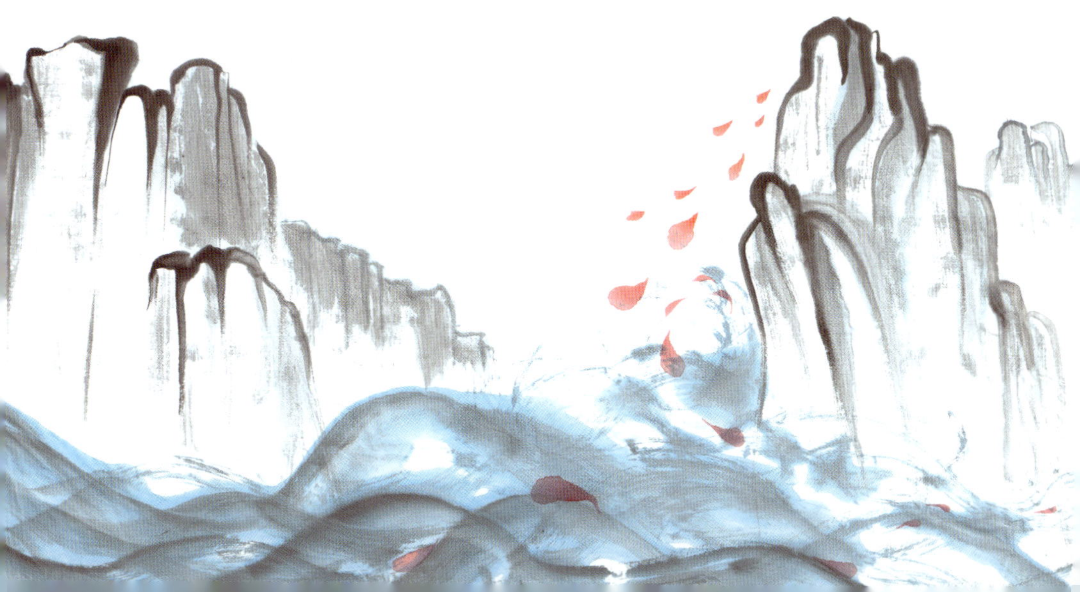

충청 환상동화 1

Contents amoureux du Chungcheong

충북대학교 프랑스언어문화학과
Rodolphe Meidinger 지도/감수

CBNU BOOKS

Préface

Amours dramatiques, amours impossibles, amours déçues, mais aussi amours romanesques, amours fraternelles et amours éternelles, les contes et les légendes de ce recueil débordent de sentiments et témoignent de toute la perspicacité et de l'opiniâtreté des Coréens. Ainsi, ce cinquième recueil de légendes et de contes populaires coréens, présenté par le département de langue et culture françaises de l'Université Nationale de Chungbuk, est consacré aux contes amoureux du Chungcheong, province centrale de la Corée du Sud. Encore une fois, le lecteur curieux et passionné trouvera, dans de ce cinquième opus, différentes facettes de la profondeur d'âme du peuple coréen.

La recette est presque toujours la même depuis la parution de notre premier recueil en 2012. Dans un premier temps, des étudiants de deuxième année présentent en français ces récits traditionnels coréens par le biais de diaporamas. L'année suivante, ces présentations sont retravaillées par des étudiants de troisième année afin de leur conférer une forme plus littéraire. Ces nouveaux textes sont corrigés par les enseignants impliqués dans le projet, avant d'être à nouveau traduit en coréen par ces mêmes étudiants pour obtenir la version bilingue définitive. Enfin, cette nouvelle mouture coréennes a été confiée aux élèves de l'atelier de *sumughwa* (수묵화, 水墨畫), encres et lavis orientaux du fameux maître Shin Dong Ho(신동호) qui enseigne à l'université ouverte de notre université. Dès lors, les artistes ont pu transcender, à travers leurs pinceaux, tout le charme de ces contes amoureux.

Rodolphe Meidinger, novembre 2018

서문

충청동화는 또 하나의 감동의 선물입니다.

한국의 환상동화 시리즈 다섯 번째 이야기 충청동화가 마무리 되었습니다. 한국의 전래 동화 1, 2, 3권과 제주동화를 이은 작품입니다.

환상동화 시리즈는 대부분 대학에 들어와 프랑스어를 처음 시작한 학생들의 노력이 만들어낸 결과입니다. 처음에는 프랑스어에 관심도 없었고, 얼마나 어려운 언어인지 알지 못했던 새내기들이 문법과 표현을 하나, 둘씩 개신골에서 배우기 시작했습니다. 2학년이 되자 프랑스어로 문장을 만들고, 그리고 한국어 문장을 프랑스어로 옮기기 시작합니다. 그리고 커다란 도전을 시도합니다. 학생들은 삼삼오오 짝을 지어 우리말 이야기를 찾아내고 이를 프랑스어로 만듭니다. 마지막으로 프랑스어 문장을 또 다시 한국어로 옮깁니다. 이렇게 긴 시간 동안 수없이 수정을 반복합니다. 이 모두 새로움에 맞서는 우리 학생들의 노력과 또 프랑스어를 향한 열정으로 이루어낸 성과입니다.

환상동화 3과 제주동화에 이어 이번에도 충북대학교 평생교육원의 수묵화와 민화를 수강하시는 김경랑님, 김영희님, 김일환님, 노병순님, 마르셀라 드로바코바님, 박정순님, 조선분님, 지정자님께서 바쁜 시간을 쪼개어 삽화를 그려주셔서 충청동화의 출판에 커다란 보탬이 되어 주셨습니다. 우리 젊은이들에게 보내주신 어르신들의 사랑에 감사의 마음을 전합니다.

충북대학교 프랑스언어문화학과장

이은미

차례
Sommaire

1 Selon la mythologie populaire coréenne la plupart des dragons (*yong* – 용), créatures généralement bénéfiques, étaient à l'origine des *imugi* (이무기), ou des dragons mineurs, semblables à des serpents gigantesques. Certains récits décrivent comment les *imugis* aspiraient à devenir des dragons à part entière, s'il venait à posséder un orbe céleste, appelé *yeouiju* (여의주), tombé du ciel. D'autres histoires indiquent que les *imugi* étaient des créatures sans cornes ressemblant à des dragons maudits, incapables de devenir des dragons. Enfin, selon d'autres légendes, les *imugi* sont des proto-dragons devant survivre mille ans avant de devenir dragon à part entière.

2 *Satto* (사또, 使道) désigne la fonction administrative du gouverneur d'une municipalité qui était chargé d'appliquer la loi et la justice.

3 *Yeouiju* (如意珠, 여의주) est une perle magique qui rend omnipotent celui qui la possède.

백일홍 이야기
Le lilas des cent jours

Récit raconté et mis en forme par Kim Min-sung(김민성)
Ryu Ah-reum(류아름) Jung Da-eun(정다은) Lee Go-eun(이고은)
Illustrations Kim Il-hwan(김일환)

백일홍은 이름에서 알 수 있듯이 오랫동안 피어있는 꽃이에요. 이 꽃에 대한 전설이 다음과 같이 전해지고 있답니다. 오래 전에, 호랑이가 담배 피우던 시절, 어부들이 살던 한 조용한 마을이 갑자기 공포에 휩싸였어요. 어느 날 끔찍한 이무기가 바다에 나타나 거센 파도를 일으키기 시작했거든요. 그 때부터 어부들의 그물에는 물고기들이 한 마리도 잡히지 않았어요. 물고기들이 전부 바다 속으로 사라져 버렸기 때문이죠. 마을 사람들은 매우 낙담했답니다.

"그 괴물을 보았소?" 한 어부가 한탄했어요. "얼마나 무섭던지! 머리가 세 개나 있었는데, 전부 날카로운 이빨로 가득하지 뭐요!"

"아이고! 집채만 한 괴물이네요!" 한 여인이 두려움에 가득 차 울부짖었어요.

"이럴 수가! 저 괴물을 잡지 못한다면, 저게 우리를 전부 산 채로 먹어버릴 지도 모르오!" 한 노인이 소리쳤어요.

주민들은 겁에 질렸고, 바다 괴물의 계속된 위협에 몇 일 동안이나 슬픔과 고통에 빠져 있었어요. 어느 날, 항구의 바닷물 속에서 이무기가 튀어나와 포효했어요.

"나에게 젊은 처녀를 바쳐라! 그렇지 않으면 네놈들의 마을과 배를 전부 때려 부숴 버리겠다!"

마을 주민들은 해결책을 찾기 위해 모두 모였어요.

"어찌 해야 하오? 우리가 저 괴물의 요구를 들어줘야 하오?" 노인이 물었다.

"아이고! 큰일이네요, 우리가 할 수 있는 일이 아무 것도 없단 말인가요? 운명을 받아들일 수밖에 없는 건가요?" 한 아낙네가 애타게 부르짖었어요.

"말도 안 되는 소리! 우리는 단 한 사람도 잃지 않을 것이오." 마을의 모든 권력을 쥐고 있는 관리가 큰소리쳤지만 결국 주민들은 해결책을 찾지 못해 괴물이 원하는 대로 매년 젊은 처녀를 바치게 되었어요.

Comme son nom l'indique, le lilas des cent jours est une fleur qui vit longtemps. Une légende relate son histoire. Au temps ancien, où les tigres fumaient encore leur longue pipe de bambou, un tranquille village de pêcheur fut soudain accablé de malheur. Un jour, un effrayant *imugi*[1] des mers apparut et commença à agiter les flots. Depuis lors, les filets des pêcheurs restaient désespérément vides. Tous les poissons semblaient avoir disparu de la mer, et les villageois en étaient désespérés :

– Avez-vous vu le monstre ? se lamenta un pêcheur. Quelle horreur ! Il a trois têtes et chacune est remplie de crocs !

– *Aïgo* ! Il est plus grand que les maisons ! cria une femme pleine d'effroi.

– Oooh non ! S'il nous attrape, il nous mangera tout cru ! lança un vieil homme.

Les gens étaient terrifiés car la bête les menaçait continuellement. Un jour, dans les eaux claires du port, l'*imugi* surgit et gronda :

– Si vous ne me donnez pas une jeune vierge, je détruirais votre village et vos bateaux !

Alors, les villageois se réunirent pour réfléchir à une solution :

– Comment faire ? Qui allons-nous sacrifier ? questionna un vieil homme.

– Non ! répondit fermement le *satto*[2] avec toute son autorité de chef du village, nous ne livrerons personne au dragon.

– *Aïgo* ! En voilà une affaire. Ne pouvons-nous rien faire ? Il ne nous reste plus qu'à accepter notre sort, et tous mourir de faim ! se désespéra une femme.

Finalement, et en dépis de la volonté du *satto*, les villageois se résignèrent à offrir une jeune fille pour apaiser l'appétit du monstre. Et depuis, il en fût ainsi tous les ans.

어느 해에, 아름답고 상냥한 소녀인 일홍이 제물로 선택되었어요. 모든 주민들은 그 젊은 아가씨가 자신의 운명을 받아들일 수 있을지 걱정했지요. 그러나 이 마음 착한 일홍은 이렇게 말했어요.

"걱정하지 마세요. 마을을 구하기 위해서라면, 이 한 몸 바칠 수 있답니다."

운명의 날이 다가올수록, 주민들은 슬픔에 잠겼어요. 일홍은 매우 아름답고 다정한 소녀였기 때문에, 이무기에게 끌려가는 그녀를 보는 것은 비참한 일이었기 때문이에요.

"괴물이 무섭지는 않니?" 제사 전날, 마을 주민이 소녀에게 물었어요.

"물론 두렵답니다." 소녀가 대답했어요. "하지만 저는 괜찮아요. 마을의 안전이 훨씬 중요한 걸요. 걱정하지 마세요."

갑자기, 수평선의 저 끝에서 아무도 본 적 없던 배 한 척이 나타나 부둣가에 정박했어요. 배에는 어떤 용맹한 남자가 당당히 서 있었지요. 배에서 내리자마자 그는 이상한 점을 발견했어요. 온 마을이 깊은 절망에 빠져있었고, 마을 사람들은 전부 슬픈 얼굴을 하고 있었기 때문이지요.

"무슨 일이오? 어찌 그렇게 낙심한 얼굴들을 하고 계시오?" 나그네가 물었어요.

마을 사람들은 남자에게 그들의 사연을 말해 주었고, 그에게 바로 내일이 제삿날이라고 알려 주었어요. 이 비극적인 이야기에 크게 충격 받은 그는 괴물을 죽이겠다고 선언했어요.

다음 날, 마을 주민들은 불쌍한 일홍에게 가장 예쁜 치마와 저고리를 입혀 떠나보낼 준비를 했어요. 주민들은 일홍을 절벽가로 데리고 갔고, 일홍은 그 곳에서 홀로 절망한 채 괴물이 오기를 기다려야 했어요. 나그네가 일홍에게 다가가 따뜻한 말로 소녀를 진정시켰어요.

"더 이상 울지 않아도 됩니다, 아가씨. 내가 그 이무기를 죽여 버리겠소! 그대의 옷가지를 벗어 내게 주시오! 내가 아가씨로 변장하여 기다리고 있다가 그 짐승을 죽여 버릴 것이오!"

일홍은 치마와 저고리를 벗어 그에게 건네주었어요. 소녀가 바위 뒤로 숨자마자 파도 속에서 머리가 세 개 달린 괴물이 솟아올랐죠. 매우 급박한 순간이었어요. 이무기가 공격을 하자, 여장을 벗어 던져 정체를 드러낸 나그네가 이무기에게 용감히 맞섰어요. 힘든 전투였답니다. 세 개의 머리가 귀를 먹먹하게 하는 괴성과 함께 수많은 공격을 가했지만, 용맹한 그 남자는 이무기에게 치명적인 일격을 가했어요. 이무기가 포효했지요. 검이 공기를 가르며 공중에서 쉿, 하는 소리를 내었고 두 번째 공격이 이무기의 머리 하나를 잘라 버렸어요. 세 개의 머리 중 하나가 구름 속으로 날아갔고 치명적인 상처를 입은 괴물은 바다 속으로 도망쳐 다시는 돌아오지 않았어요.

Une année, ce fut au tour de la belle et tendre Il-Hong d'être choisie pour servir d'offrande. Et comme chaque année, tous les villageois s'inquiétaient de savoir si la jeune fille allait accepter son sort. Mais Il-Hong déclara :

– Ne vous inquiétez pas ! Si cela peut sauver notre village, je me sacrifierai !

Plus le jour fatidique approchait, plus les villageois étaient tristes. Il-Hong était si belle et si douce, c'était un véritable crève-cœur de la voir emporter par *l'imugi*.

– N'as-tu pas peur du monstre ? lui demanda un jeune homme à la veille du sacrifice.

– Si, je suis terrifiée, répondit la jeune femme. Mais je m'en moque, la survie du village est plus importante. Ne vous inquiétez pas.

Ce même jour, du fin fond de l'horizon, un bateau, que personne n'avait jamais vu, accosta dans le port, et à son bord, un brave homme se dressait fièrement. Sitôt débarqué, il trouva étrange de voir tous les gens du village afficher une mine déconfite, comme s'ils étaient en proie à une profonde tristesse.

– Que se passe-t-il ? Pourquoi êtes-vous si abattu ? questionna l'étranger.

Les gens racontèrent, alors, leur histoire, et annoncèrent que le jour du sacrifice était pour le lendemain. L'étranger ne répondit rien, mais touché par ce drame, il se jura de tuer le monstre.

Le jour suivant, les villageois préparèrent le sacrifice et la pauvre Il-Hong revêtit sa plus belle jupe et sa plus belle veste. Ensuite, ils emmenèrent la jeune fille au bord de la falaise où elle devait attendre seule l'arrivée du monstre. Terrifiée, Il-Hong se tenait droite face à son destin quand l'étranger s'approcha. Subjugué par sa grâce d'Il-Hong, son cœur s'embrasa d'amour, il posa un genou à terre et s'adressa à elle d'une voix calme et résolue :

– Mademoiselle, n'ayez plus peur ! Je vais tuer cet *imugi* ! Ôtez vos vêtements et donnez-les-moi ! Ainsi déguisé en fille, j'attendrai la bête et je la tuerai !

Il-Hong enleva sa jupe et dénoua le ruban de sa veste. Il était temps, car à peine s'était-elle cachée derrière un rocher que le monstre à trois têtes surgit des flots. *L'imugi* attaqua la jeune fille mais l'étranger, retirant ses vêtements de fille, se démasqua pour affronter vaillamment le dragon. Le combat fut rude, et après avoir évité les nombreux assauts du monstre, dont les trois mâchoires, tour à tour, claquaient à ses oreilles, il le transperça de son épée. *L'imugi* glapit. La lame siffla de nouveau dans l'air et un second coup fendit le dragon. Une des trois têtes vola dans les nuages et le monstre blessé s'enfuit, à jamais, en haute-mer.

감격한 일홍은 생명의 은인에게 감사를 표했어요.

“제 목숨을 구해주셨군요! 저는 이미 이무기에게 죽은 몸이나 다름없었습니다. 지금부터 제 인생은 당신의 것이에요.”

“진실을 이야기하자면, 나는 옥황상제의 아들이오.” 젊은 남자가 엄숙히 고백했어요.

“사실 나는 다른 임무를 처리하러 가야 하오. 내 실책으로 잃어버린 여의주를 다시 찾지 못하는 한 그대와 혼인할 수 없소. 백 일만 기다려 주시오. 맹세하겠소, 내 당신의 발밑에 보물을 바치기 위해 반드시 돌아올 것이오. 내가 승리하면 배의 돛대에 하얀 깃발을 올리고 돌아올 것이니 그때 우리는 혼례를 올릴 수 있을 것이오. 허나 내가 실패할 경우 붉은 기를 올릴 것이니 그리 아시기 바라오.” 그가 덧붙였어요.

Très émue, Il-Hong remercia son sauveur :

– Vous venez de me sauver la vie ! Je me voyais déjà morte dans la gueule du dragon. Maintenant, ma vie vous appartient !

– En vérité, je suis le fils de l’empereur de Jade qui règne dans le ciel, répondit solennellement le jeune homme, captivé par la beauté d'Il-Hong. Hélas, je cours vers une autre quête. Tant que je n’aurais pas retrouvé le *yeouiju*[3] du ciel, par ma faute égaré, je ne pourrais vous épouser. Attendez-moi cent jours ! J’en fais le serment, je reviendrai vers vous pour déposer ce joyau et mon cœur à vos pieds. Si je suis victorieux, je hisserai une voile blanche sur le mat de mon navire et nous pourrons nous marier. Mais une voile rouge annoncera mon échec, ajouta-t-il d’un ton lugubre.

하늘의 황태자는 바다로 떠나갔어요. 그날 이후로 일홍은 매일 한결같이 절벽 꼭대기로 올라가 그녀의 왕자님의 귀환을 기다렸어요. 몇 주가 흘러가도 일홍은 매일 그를 기다렸지요. 수평선에 흰 깃발이 나타나길 기도하면서.

우여곡절 끝에 왕자는 여의주를 되찾았어요. 돌아오는 길에, 그는 배에 크고 아름다운 흰 깃발을 올렸어요. 순조롭게 부는 바람을 따라, 사랑하는 일홍에게로 돌아가려 평화로이 항해하고 있었지요. 갑자기, 거품이 이는 소용돌이 속에서 머리가 두 개 달린 이무기가 불쑥 튀어나왔어요. 이무기는 복수를 원했답니다. 그 괴물은 심해에서 왕자가 지나가는 길에 매복해 있었던 것이에요. 고된 전투가 이어지고 두 개의 머리가 매섭게 쏟아붓는 무수한 공격을 피한 후에 왕자의 검이 허공을 두 차례 갈랐어요. 머리 두 개가 전부 구름 속으로 사라진 후에야 괴물은 바닷 속 깊은 곳으로 침몰했어요.

Le prince héritier du ciel, reprit la mer. Jour après jour, Il-Hong se rendait inlassablement au sommet de la falaise pour guetter le retour de son prince. Les semaines s'écoulèrent, la jeune fille attendait toujours, priant chaque jour pour qu'une voile blanche apparaisse à l'horizon.

Après de nombreuses péripéties, le prince retrouva le *yeouiju* perdu, mais ceci est une autre histoire. Sur le chemin de retour, le prince hissa une belle et grande voile blanche. Puis, profitant des vents favorables, navigua à belle allure pour retrouver Il-Hong, sa bien-aimée. Soudain, dans un tourbillon d'écume, un *imugi* à deux têtes surgit. Le dragon voulait prendre sa revanche. Il avait attendu, embusqué dans les abysses le passage du prince. Le combat fut rude et après avoir évité les nombreux assauts du monstre dont les deux mâchoires, tour à tour, claquaient à ses oreilles, la lame siffla deux fois dans l'air. Deux têtes volèrent dans les nuages et le monstre, mortellement blessé, sombra dans les profondeurs.

백 일째가 되는 날 아침, 일홍은 가지고 있는 옷 중 가장 예쁜 치마와 저고리를 입고 절벽 꼭대기로 올라갔어요. 수평선에서 배 한 척이 쌀알보다 조금 큰 크기로 멀리서 보이기 시작했어요. 그녀의 왕자가 승리를 거머쥐고 돌아온 것이죠. 그 어린 아가씨는 머리를 내밀고 눈을 가늘게 뜨고 살펴보았어요. 하지만 배는 깃발의 색을 구분하기에는 아직도 너무 멀리 있었어요. 배가 가까이 오자 일홍은 슬픔에 젖어 털썩 주저앉았어요. 깃발은 붉은 색이었죠. 왕자가 결국 실패했고 그와 결혼할 수 없게 되었다고 믿은 일홍은 절망감에 절벽 위에서 몸을 던졌어요.

배가 정박한 후, 승리한 왕자는 마을 주민들의 환호를 받았어요. 그는 이무기를 물리쳤고, 귀중한 여의주를 가지고 돌아왔던 것이에요. 왕자는 일홍을 불렀어요. 어째서 그의 연인이 보이지 않는 것이지?

"아이고!" 나이 든 할머니가 한탄했어요. "그 아이는 붉은 깃발을 보고 나서, 절벽에서 몸을 던져 버렸다오."

"붉은 깃발이라니?" 왕자가 어리둥절한 채 물었어요.

배로 시선을 돌리자, 아뿔싸! 그는 이무기의 피로 붉게 얼룩진 깃발을 보고 말았어요.

Au matin du centième jour, Il-Hong mis sa plus belle jupe et sa plus belle veste et grimpa au sommet de la falaise. A l'horizon, un bateau, pas plus grand qu'un grain de riz, apparut au loin. Son prince victorieux était de retour. La jeune femme le voyait se rapprocher. Mais le bateau était encore trop loin pour en distinguer la couleur de la voile. Quand le bateau s'approcha, Il-Hong s'effondra en larme. La voile était rouge. Son prince avait donc échoué, jamais elle ne pourrait l'épouser ! Alors de désespoir, elle se jeta du haut de la falaise.

Lorsque le bateau accosta, le prince victorieux fut acclamé par les villageois. Il avait vaincu *l'imugi* et rapportait le précieux *yeouiju*. Le prince réclama Il-Hong. Pourquoi sa bien-aimée n'était pas là avec les autres villageois ?

– Hélas ! pleura une vieille grand-mère.

Quand elle a vu la voile rouge, elle s'est jetée du haut de la falaise.

– La voile rouge ? demanda le prince interloqué.

En levant les yeux sur son bateau, il vit la voile maculée, rougie par le sang de l'*imugi*.

다음 해 봄에, 절벽 꼭대기에 있는 일홍의 무덤에서 꽃들이 피어났어요. 백일동안 왕자를 기다리던 일홍이 죽어서 꽃으로 피어났다고 생각한 마을 사람들은 그 꽃을 '백일홍'이라 부르기로 했어요.

사악한 용은 패배했고, 마을은 평화를 되찾았으며 어부들의 그물에는 물고기가 다시 가득 차게 되었지요. 한편 왕자는 마을을 떠났고 그 후 그에게 무슨 일이 일어났는지 아무도 알지 못했답니다.

Au printemps suivant, au sommet de la falaise, un buisson de fleurs poussa sur la tombe d'Il-Hong. Pensant à celle-ci comme le symbole de la constance d'Il-Hong, les villageois décidèrent de l'appeler « Lila des cent jours ».

Le mauvais dragon vaincu, le village retrouva la paix et les filets pêches se remplirent à nouveau de poissons. Le prince quant à lui, quitta le village et personne ne sut ce qu'il devint.

4 Le royaume Baekje (백제, 百済) se développa au sud-ouest de la péninsule coréenne durant la période des Trois Royaumes. Il fut anéanti par une alliance entre l'empire chinois des Tang et le royaume de Silla (신라, 新羅) en 660 et annexé par ce dernier.

5 Le roi Gaero régna sept ans sur le royaume de Baekje de 468 à 475.

6 Le *yo* (요) est le matelas traditionnel des coréens. Posé à même le sol de la chambre, il est plus fin que le futon japonais, il est aussi moins isolant, ce qui permet au dormeur de profiter davantage de la chaleur du sol (*ondol*, 온돌, 溫突) en hiver, ou de sa fraicheur en été quand le chauffage ne fonctionne pas.

도미부인
La femme de Domi

Récit raconté et mis en forme par Seo Da-lae(서다래)
Lee Ji-eun(이지은) Yoon Hyo-jin(윤효진) Kim Ha-yeong(김하영)
Illustrations Kim Yeong-hee(김영희)

옛날 옛적 백제 시대에 도미라는 이름의 가난한 목수가 살았는데, 그는 아주 아름다운 여인과 결혼을 했어요. 도미는 너무나도 온화한 사람이었고, 그의 아내는 백제에서 제일 가는 미인이었답니다. 모두에게 사랑을 받던 그녀는 도미가 아주 가난하였지만, 다른 누구보다도 존경할만한 성품을 가졌기에 도미를 남편으로 받아들였지요. 어느 날 이 부부의 금슬은 개로왕의 귀에 까지 들리게 되었어요.

Il y a fort longtemps de cela, dans le royaume de Baekje[4], Domi, un pauvre charpentier avait épousé une très belle femme. Lui était la douceur même, et elle était la plus belle femme que le royaume n'ait jamais eue. Aimée de tous, elle avait choisi Domi comme époux malgré sa pauvreté, car il était le meilleur des hommes. L'harmonie de ce couple vint un jour jusqu'aux oreilles du roi Gaero[5].

"어떻게 그리도 아름다운 여인이 가난한 사내와 함께 살 수 있다는 말인가", 왕이 생각했어요.

그래서 왕은 여인을 시험해보기 위해 도미를 불렀어요.

"도미, 짐이 확신컨대 그대의 아내도 으슥한 곳에 있으면 분명 마음을 바꾸어 그대에 대한 마음을 저버릴 것이다."

"전하, 가당치 않은 말씀이십니다. 저는 제 아내를 믿습니다. 아무리 제가 옆에 있지 않더라도 절대 제 아내의 정절을 꺾지는 못 할 것입니다."

– Comment une femme si belle peut vivre avec un homme si pauvre ? se demanda le roi.

Alors, il fit appeler le charpentier pour mettre sa femme à l'épreuve.

– Domi, je suis certain que si ta femme restait dans un endroit isolé, ses sentiments changeraient, elle en oublierait sa fidélité à tel point que n'importe qui pourrait la séduire, dit le roi.

– Votre Altesse, cela ne se peut. J'ai confiance en ma femme. Jamais rien ne pourra la contraindre à renoncer à sa fidélité, même si je ne suis pas auprès d'elle.

며칠 후에 개로왕은 자신의 모습으로 분장을 시킨 신하 한 명을 도미의 집으로 보냈어요. 도미의 아내는 그 신하가 쓴 휘황찬란한 왕관을 보자 개로왕이라고 생각했어요.

"그대의 아름다움에 대해 예전부터 들어왔다"라고 가짜 왕이 달콤한 말을 속삭이며 덧붙였어요.

"내가 그대의 남편인 도미와 내기를 해서 이겼으니 지금부터 너는 나의 첩이 될 것이다. 내일 내가 너를 데려갈 테지만 당장 오늘 밤 너는 나의 여자가 될 것이다."

도미부인은 신하의 말에 충격을 받았지만 오래 지나지 않아 재빨리 그녀는 자신의 그러한 운명을 어떻게 피할 것인지 곰곰이 생각했어요.

"전하, 전하를 따르겠습니다. 하지만 먼저 방에 들어가 계시면 저도 바로 따라 들어가겠습니다."

그녀가 순순히 따르는 척하며 대답했어요. 하지만 이것은 도미부인이 해결책을 찾기 위한 시간을 벌려고 거짓말을 한 것이었죠. 어리석은 신하는 그 말을 듣고 방으로 들어가 부인이 들어오기만을 기다렸어요. 하지만 그녀는 그녀의 부모님에게 신세를 져 함께 살고 있던 여종을 불렀어요.

"내가 아주 위험한 상황에 처해있어. 나는 왕의 첩으로 들어가느니 차라리 죽어버릴 거야. 하지만 남편이 살아있는 한 죽을 수는 없어. 만약에 네가 이번에 나를 도와준다면 절대 이 은혜 잊지 않을게"라고 그녀가 여종에게 간곡하게 말했어요.

Quelques jours plus tard, le roi Gaero envoya son vassal déguisé en roi chez Domi. Quand la femme de Domi vit la magnifique couronne que portait le vassal, elle fut persuadée qu'il s'agissait du roi Gaero.

– Cela fait longtemps que j'entends parler de ta beauté, roucoula le faux roi. Ton mari Domi et moi avons fait un pari que je gagnerai. À partir de maintenant, tu seras ma concubine. Demain, je t'emmènerai au palais. Mais, tu seras mienne dès ce soir.

Les paroles du vassal choquèrent la femme de Domi, mais sa confusion fût de courte durée. En une seconde, elle réfléchit à la manière dont elle pourrait échapper à son sort.

– Votre Altesse, je vais vous obéir, répondit-elle soumise, pourriez-vous m'attendre dans ma chambre, le temps que je m'apprête. Je vous y rejoindrai sans tarder.

Ce n'était qu'un mensonge, car son intention était de gagner du temps pour trouver une solution. Naïf, le vassal entra dans la chambre, s'allongea sur *yo*[6] et attendit. La femme de Domi appela sa servante, une pauvre fille qui était redevable d'une dette à ses parents.

– Je suis dans une situation critique, souffla la femme de Domi. Je ne peux pas me donner au roi ; plutôt me suicider. Mais je ne veux pas mourir tant que mon mari est vivant. Si tu m'aides aujourd'hui, je ne l'oublierai jamais.

여종은 그녀의 빚을 갚기 위해 기꺼이 이 청을 받아들였어요. 눈 깜짝할 사이에 둘은 옷을 바꿔 입었고, 그리고는 한지로 된 문 너머로 도미부인은 수줍은 목소리로 말했어요.

"모시게 되어 영광입니다. 하지만 빛이 너무 밝아 부끄러워서 그러니 불을 꺼주시겠습니까?"

가짜 왕은 전혀 의심치 않고 촛불을 불어 껐고, 여종이 도미부인을 대신하여 슬그머니 방으로 들어갔어요. 그 신하는 한 순간도 술책일 것이라고는 생각하지 못했어요. 심지어 여종의 옷고름을 풀며 자신의 품 안에 도미부인을 품었다고 확신했어요.

La servante accepta de bon cœur. D'autant plus qu'elle pouvait ainsi s'acquitter de sa dette. En un tour de main, les deux femmes échangèrent leurs vêtements. A travers la porte de papier, la femme de Domi lança d'une voix timide :

– Votre désir m'honore. Mais je suis timide, la lumière est trop vive, ne pourriez-vous pas souffler la chandelle ?

Le faux roi, qui ne se doutait de rien, souffla, et la servante se glissa dans la chambre. Pas un instant, le vassal ne se douta du subterfuge. Aussi, lorsqu'il dénoua les rubans de la servante pour les jeux des nuages et de la pluie, il était persuadé d'avoir la femme de Domi entre ses bras.

신하는 다음 날 몰래 그녀의 속옷을 훔쳐 왕에게 가져갔고, 왕은 의기양양하게 도미를 불렀어요.

"자, 내가 이겼다. 너의 아내도 내가 말했다시피 정숙하지 못하지 않느냐."

비웃으며 왕이 소리쳤어요.

"아닙니다, 그럴 리 없습니다. 다 거짓말이에요."

도미가 믿지 않고 반박했어요.

개로왕은 속옷들을 도미의 코앞에 던지며 웃음을 터뜨렸어요.

"자, 보거라! 네 부인의 속옷이다. 내가 너의 아내를 가졌으니 내가 이긴 것이다."

"아닙니다! 전하께서 속고 계신 겁니다. 그 속옷은 제 부인의 것이 아닙니다. 자세히 보시면 아실 겁니다."

Après avoir fait son affaire, le vassal déroba adroitement les sous-vêtements de la belle et l'apporta au roi, qui triomphant, fit appeler Domi :

– J'ai gagné ! clama le roi de son sourire narquois, ton épouse n'est pas aussi vertueuse qu'on le dit !

– Non, ce n'est pas possible ! rétorqua Domi incrédule. On vous aura menti !

Le roi Gaero éclata de rire en fourrant les sous-vêtements sous le nez de Domi :

– Tiens ! Regarde ! Mais regarde donc, j'ai les dessous de ta femme. J'ai ravi sa fleur. J'ai donc gagné.

– Ah non ! Vous vous trompez majesté, répliqua le charpentier. Ces sous-vêtements ne sont pas ceux de ma femme. Examinez-les mieux et vous verrez la vérité !

개로왕은 도미의 반응을 이상하게 여겼어요. 어떻게 그 속옷들이 도미부인의 것이 아닐 수 있단 말인가? 미심쩍은 왕이 속옷들을 유심히 살펴본 후 결국 진실이 밝혀졌어요. 분노한 왕은 병사들에게 고함쳤지요.

"저 자의 눈을 뽑고 쫓아버려라!"

그 후, 병사들은 장님이 된 도미를 무인도인 천성도로 데려가기 위해 끌고 갔어요. 하지만 그래도 왕은 여전히 노여움을 가라앉히지 못하여 도미부인을 불렀어요. 도미 부인은 궁으로 들어가 자신의 술책이 밝혀진 것을 알았고, 분노한 개로 왕 앞에서 온 몸을 떨었어요.

"감히 네가 날 속이다니! 하지만 두 번은 못 속일 것이다. 이번에는 나의 첩이 될지 아닐지 확실히 결정해야 할 것이다. 하지만 만약 거절한다면 너는 죽음을 면치 못할 것이다."

농담이 아니라는 것을 보여주기 위해 그가 소리쳤어요.

"남편의 눈을 보여줘라!"

한 궁녀가 쟁반에 도미의 눈을 담아 가져왔어요. 눈을 본 도미부인은 기절했어요. 하지만 그녀는 일어나서 남편의 눈을 보며 생각했어요.

"만약 왕이 정말 남편을 죽였다면 그가 나에게 머리를 보여줬을 거야. 남편은 아직 살아있어, 나를 기다리고 있을 거야. 그가 어디 있든 내가 그의 눈이 되어줘야지."

그녀는 침착하게 옷매무새를 가다듬고 왕에게 차분하고 정중하게 말했어요.

"좋습니다. 전하, 저는 이제 남편이 없기 때문에 전하의 첩이 되겠습니다. 하지만 오늘은 제 몸이 불결하오니 깨끗이 할 시간을 주셨으면 합니다. 그럼 내일 찾아뵙겠습니다."

왕은 다소 못마땅했지만 그 후로 도미부인이 순종적이어서 그는 허락했어요. 하지만 그녀는 궁을 나가자마자 남편을 찾기 위해 도망쳤어요.

Tout d'abord, le roi Gaero trouva la réaction du pauvre charpentier ridicule. Mais le doute s'instilla dans son esprit. Était-il possible que ces sous-vêtements ne fussent pas ceux de la femme de Domi ? Alors, le roi soupçonneux examina attentivement les sous-vêtements. Et la vérité se révéla éclatante. Il hurla à ses soldats :

– Qu'on lui arrache les yeux et qu'on le bannisse !

Ainsi fût fait, on lui arracha les yeux, puis les soldats traînèrent le charpentier aux orbites vide, jusqu'au bateau qui l'emmena au loin sur l'île déserte de Cheonseong.

Malgré cette punition, le roi ne décolérait toujours pas. Alors, il convoqua la femme de Domi. La belle se doutait que son stratagème avait été éventé. Aussi, c'est toute tremblante qu'elle se présenta devant le roi Gaero encore vert de rage.

– Tu m'as trompé ! Mais tu ne me tromperas pas deux fois ! Cette fois, tu dois choisir de te donner à moi ou pas ! Mais si tu refuses, tu seras condamnée à mort.

Et pour la convaincre qu'il ne plaisantait pas, il hurla :

– Montrez-lui les yeux de son époux !

Une servante apporta les yeux de Domi sur un plateau. En les voyant, la femme de Domi s'évanouit. Mais, revenant à elle, elle se dit en regardant les yeux de son mari :

– Si le roi avait tué Domi, il m'aurait présenté sa tête. Mon mari est donc encore vivant. Il m'attend quelque part, peu importe où, je le retrouverai et je serai ses yeux.

Alors calmement, elle arrangea sa tenue et s'adressa poliment au roi :

– Très bien votre majesté, je vous servirai puisque je n'ai plus de mari. Mais, je me sens sale aujourd'hui. Si vous le permettez, laissez-moi le temps de me baigner, et je reviendrai demain.

Le roi n'en était pas à un jour de plus ou de moins, la femme de Domi lui était désormais soumise, alors il accepta. Mais dès qu'elle sortit du palais, elle prit la fuite à la recherche de son mari.

그녀는 장님이 된 남편 도미가 섬에서 도망치려고 시도하다가 익사했다는 얘기를 들었어요. 하지만 그녀는 낙담하지 않고 곧장 바닷가로 달려갔어요. 바닷가에는 아무도 없었고 수평선에는 배 한 척 조차 없었어요. 도미부인이 그곳에서 한탄하고 있는데 갑자기 작은 배 한 척이 그녀 앞을 지나갔어요. 그녀가 뱃사공을 소리쳐 불렀어요. 하지만 배가 가까이 왔을 때 보니 배는 텅 비어있었지요. 그녀가 도미를 찾는 것을 돕기 위해 신이 그 배를 보낸 것이 틀림없었어요. 그녀가 배에 올라타자 그 배는 마법처럼 천성도까지 데려다 주었어요.

Elle entendit dire que Domi, devenu aveugle, s'était noyé en tentant de s'échapper de son île. Cependant, elle ne se découragea pas et courut tout droit au bord de la mer. Elle scruta l'horizon : personne, pas même un bateau. Elle s'effondra à genoux sur le sable et pleura son mari. Soudain une barque passa devant elle. Elle héla le batelier. Mais quand la barque s'approcha, elle était vide. Les dieux avaient certainement envoyé cette barque pour l'aider à trouver Domi. Elle monta à son bord et comme par magie le bateau la conduisit jusqu'à l'île déserte de Cheonseong.

섬에 도착하여 그녀는 배에서 내렸고 천성도는 너무도 작은 섬인지라 남편을 쉽게 찾을 수 있었어요.

"여보! 살아계셨군요."

부인이 남편에게 소리쳤어요.

"누구시오? 정말 나의 아내가 맞소?"

눈이 먼 도미가 미심쩍은 목소리로 물었어요.

그들은 울며 서로를 얼싸 안았어요. 그리고 부부는 둘은 북쪽의 고구려로 떠나 검은 머리가 파뿌리 될 때까지 오래오래 행복하게 살았답니다.

L'île était si minuscule qu'elle retrouva son mari quelques minutes à peine après avoir débarqué.

– Mon amour ! Tu es vivant, s'écria la femme.

– Qui est-ce ? demanda, incrédule, l'aveugle. Est-ce vraiment toi ma femme ?

Ils s'enlacèrent en pleurant. Puis, ils remontèrent dans la barque qui les emmena vers le nord. Ils s'installèrent dans le royaume de Goguryeo où ils vécurent très longtemps heureux, jusqu'à ce que leurs cheveux prennent la teinte des racines de ciboules.

7 Le roi Munju, fils du roi Gaero, régna sur le royaume Baekje de 475 à 477.

8 Ungjin (웅진, 熊津) est la seconde capitale historique du royaume Baekje. Actuellement cette ville porte le nom de Gongju. Ce conte est daté de l'an 475 sous le règne du roi Munju. Le royaume Baekje (백제, 百済) se développa au sud-ouest de la péninsule coréenne durant la période des Trois Royaumes. Il fut anéanti par une alliance entre l'empire chinois des Tang et le royaume de Silla (신라, 新羅) en 660 et annexé par ce dernier.

곰나루 전설

L'histoire de la rivière Gomnaru

Récit raconté et mis en forme par Jo Ha-young(조하영)
Han Ye-ji(한예지) Lee Seon-gyeong(이선경) Lim Nam-hee(임남희)
Illustrations Marcela Dvořáková(마르셀라 드보라코바)

옛날 옛적 호랑이가 담배 피우던 시절에, 봉황산에 살고 있던 암곰 한 마리가 기나긴 겨울잠에서 깨어났어요. 잠에서 깬 암곰은 기지개를 펴고 강으로 내려왔지요.

계곡에서 암곰은 즐겁게 놀고 있는 마을 사람들을 발견했어요. 암곰은 잠시 그들을 지켜보았고, 행복해 보이는 모습에 너무나 외로워졌어요. 늘 혼자 잠이 들고, 홀로 일어나며, 외로이 낚시를 했기 때문에 암곰은 언제나 행복하지 않았어요. 더군다나 암곰은 혼자 있는 것을 좋아하지 않았어요. 그녀는 마을 사람들과 즐겁게 어울려 지내기를 원했고, 그들의 친구가 되기를 간절히 바랐어요. 하지만 그녀가 마을 사람들에게 다가가면 모두 소리를 지르며 도망가 버리기가 일쑤였어요.

Au temps où les tigres fumaient la pipe, une ourse, qui habitait dans la montagne de Bong-hwang, se réveilla de son long sommeil hivernal. Elle s'étira longuement avant de descendre dans la vallée.

Là, elle remarqua des villageois qui s'amusaient. Elle les observa un moment, puis, les voyant si joyeux, elle se sentit bien seule. Et c'était là tout son malheur, car elle dormait seule, elle se levait seule, elle pêchait seule… Et en fait, elle détestait être seule. Elle aurait bien voulu s'amuser avec ces gens. Elle aurait bien voulu être amie avec quelqu'un. Mais quand elle s'approcha des villageois, tous s'enfuirent en criant.

시간이 지난 후, 암곰은 강에서 물고기를 잡고 있는 젊은 어부를 발견했어요. 암곰은 외모가 빼어난 젊은 남자에게 첫눈에 사랑에 빠지고 말았어요. 결국, 암곰은 어부에게 달려들어 그가 어떻게 저항을 시도하기도 전에 자신의 동굴로 잡아가 버렸어요. 암곰은 그에게 사랑한다 말하며 자기와 결혼해 달라 졸랐어요. 그러나 어부는 단호하게 거절했어요. 그에게 있어 짐승과 결혼한다는 건 있을 수 없는 일이었거든요. 암곰이 얼굴을 찌푸리며 불만스러운 표정을 드러내자 어부는 암곰의 기분을 누그러뜨리고자 흐느껴 울기 시작했어요.

"제발, 저를 놓아주십시오." 어부가 훌쩍이며 말했어요. "제 부모님께서 기다리고 계셔요. 제가 없다면 그분들이 어찌 되시겠습니까?"

그렇지만 어떻게 애원해도 이미 어부와 함께 살기로 결심한 암곰의 그른 마음을 돌릴 순 없었지요.

Plus loin, elle rencontra un jeune pêcheur qui attrapait des poissons dans la rivière. Il était si beau qu'elle en tomba immédiatement amoureuse.

Alors, avant que l'homme ne puisse réagir, elle lui sauta dessus et l'emmena dans sa caverne. L'ourse lui déclara son amour et lui demanda de l'épouser sur le champ. Mais, le garçon refusa tout net. Il n'était pas question qu'il cède aux avances d'une bête. L'ourse se renfrogna et se mit à bouder. Le jeune pêcheur, pour tenter d'amadouer la bête, se mit à pleurnicher.

– S'il vous plait, laissez-moi partir. Mes parents m'attendent, que vont-ils devenir sans moi ?

Mais aucune supplication ne fit fléchir l'ourse mal léchée qui avait décidé de vivre avec lui.

다음날 아침, 암곰은 식량을 구하기 위해 밖으로 나섰어요. 젊은 어부는 그 틈을 이용해 도망치려고 했어요. 허나 암곰이 거대한 바위를 굴려 입구를 막아 버려 굴 밖으로 나갈 수가 없었어요. 어부가 사방으로 밀고 끌어당겨 보았지만 바위는 꿈쩍하지 않았어요. 그는 아무것도 할 수 없었고, 죄수마냥 동굴 속에 갇혀버리게 되었어요.

Le lendemain matin, l'ourse sortit de la caverne pour aller chercher des provisions. Le jeune pêcheur voulut en profiter pour s'enfuir. Mais l'ourse avait roulé un énorme rocher devant l'entrée. Le garçon eut beau essayer de le pousser et de le tirer dans tous les sens, il ne bougeait pas d'un pouce. Rien n'y faisait, il était prisonnier !

나간 지 얼마 되지 않아, 암곰은 강에서 싱싱한 물고기를 잡아 오고 산 속에서 달콤한 과일을 잔뜩 따 가지고 돌아왔어요.

"저를 얼마나 오래 가둬놓으실 건가요?" 어부는 한탄하며 말했어요. "저는 제 가족들과 멀리 떨어진 이 굴에서 절대 살 수 없습니다."

"당연히," 암곰이 상냥하게 대답했어요. "저는 당신을 돌볼 것이고 우리는 함께 살아갈 거예요. 부모님은 잊어버려요. 대신, 제가 당신의 가족이 될게요."

암곰은 날마다 어부에게 강의 싱싱한 물고기와 산의 달콤한 과일들을 가져다주었어요. 그녀 덕분에 어부는 항상 배불리 먹을 수 있었어요. 어부는 조금씩 이 짐승의 헌신에 감동받았고, 조금씩 마음이 움직이게 되었어요. 암곰은 언제나 다정한 어투로 그에게 같은 말을 되풀이했지요. "내가 당신을 사랑하는 마음은 진심이에요. 당신이 언젠가 진실로 나를 사랑하게 된다면 내가 당신을 행복하게 해줄게요."

그래도 부모님이 계신 집으로 돌아가기 위해 도망치고 싶어 하는 어부의 생각은 변하지 않았어요. 그래서 암곰은 매일 동굴의 입구를 막아놓았어요.

그러다가 많은 시간이 흐르고, 어부는 곰의 정성에 결국 마음을 열게 되었어요. 그로부터 3년 후 암곰은 귀여운 새끼 곰 두 마리를 낳았어요. 암곰과 어부 부부, 그의 자식들은 진정한 가족이 된 거예요.

어느 날 아침 엄마 곰은 더 이상 동굴 입구를 막아놓지 않기로 결정했어요. 어부는 자신의 아이들의 아빠가 되었고, 가족을 버리지 않을 거라는 확신이 들었기 때문이지요.

"여보, 저 사냥하러 갈게요. 아이들을 잘 돌봐주세요!" 암곰은 나가기 전에 어부에게 소리쳤어요.

Un peu plus tard, l'ourse revint avec de beaux poissons qu'elle avait attrapés dans la rivière, et de délicieux fruits qu'elle avait cueillis dans les bois.

– Combien de temps allez-vous me garder ? se lamenta le jeune pêcheur, je ne pourrais jamais vivre dans ce trou loin de ma famille.

– Bien sûr que si, répondit tendrement l'ourse. Je vais m'occuper de vous et nous vivrons ensemble. Oubliez vos parents car, désormais, je suis votre famille.

Jours après jours, l'ourse lui rapportait de beaux poissons de la rivière et de délicieux fruits des bois. Grâce à elle, le jeune pêcheur mangeait toujours à sa faim. Peu à peu, il trouvait que le dévouement de la bête était admirable et peu à peu il se laissait attendrir. A chaque occasion, l'ourse affectueuse ne cessait de répéter :

– Mon amour pour vous est sincère et si un jour vous m'aimez de bon cœur, je vous rendrai heureux.

Mais le jeune pêcheur ne pensait qu'à fuir pour retourner chez ses parents. Alors, chaque jour, l'ourse bouchait l'entrée de la caverne.

Toutefois, avec le temps, le garçon tomba sous le charme du dévouement de l'ourse et finit par lui ouvrir son cœur. Et trois ans plus tard, elle mit au monde deux jolis oursons. Le couple et leurs enfants étaient devenus une vraie famille.

Un matin, la maman ourse décida de ne plus fermer la porte. Le jeune pêcheur était devenu père, il n'allait surement pas abandonner sa famille.

– Mon amour, je pars à la chasse, prends bien soin des enfants ! lança-t-elle avant de sortir.

그러나 너무나 오랫동안 동굴에 갇혀 있던 어부는 동굴 밖의 빛에 이끌렸어요. 그는 거대한 입구가 열리고 난 그 너머를 보았는데, 바깥 풍경은 눈이 부시도록 아름다웠어요. 문득, 그는 잊고 있던 그의 가족과 친구들이 떠올랐지요.

'어머니는 건강하실까?' 어부는 갑자기 걱정이 되었어요.

결국, 어부는 몰래 동굴에서 나왔고, 바깥으로 나오자마자 재빨리 달아났어요. 강기슭에 도착한 어부는 강을 건널만한 오래된 배 한 척을 찾아보았어요.

그때, 산 정상에서 암곰은 어부가 등나무 사이 숨겨진 배 한 척을 찾은 모습을 발견하였고, 그가 배에 뛰어 들어서는 노를 저어 강을 건너는 모습을 보았어요.

"어딜 가는 거예요, 내 사랑? 어딜 가는 거냐고요? 우리 가족을 버리지 마세요!" 암곰은 절망에 빠져 외쳤어요. "제발 부탁이에요, 돌아와요!"

그러나 어부는 대답하지 않았어요. 그는 끝내 점점 멀어져 강 건너편의 숲으로 사라졌어요.

Le jeune pêcheur, enfermé depuis si longtemps dans la caverne, fut attiré par la lumière du dehors. Il jeta un regard à travers la porte grande ouverte. Le paysage extérieur était éblouissant. Brusquement, il se souvint de sa famille et de ses amis oubliés.

– Ma mère est-elle en bonne santé ? Se demanda-t-il tout à coup.

Alors, à pas de loup, il sortit de la caverne et une fois dehors, il détala comme un lapin. Arrivé près de la rivière, il chercha sa vieille barque pour pouvoir traverser l'eau.

Au même moment, du haut de la montagne, l'ourse vit son pêcheur retrouver sa vieille barque cachée dans les joncs. Elle le vit sauter dans le bateau et traverser la rivière à grand coup de pagaie.

– Où allez-vous, mon amour ? Où allez-vous ? N'abandonnez pas votre famille ! cria l'ourse plein de désespoir. De grâce, revenez !

Mais le jeune pêcheur ne répondit pas. Il n'était plus qu'un petit point noir qui disparut dans la forêt sur l'autre rive.

암곰은 울면서 동굴로 돌아가 새끼 곰들을 팔에 안고 강이 내려다보이는 절벽으로 갔어요. 그녀는 어부가 돌아올 것이라 생각하며 오랜 시간 동안 허탈하게 강물을 응시했어요. 그와 함께했던 행복한 순간들이 떠올랐어요. 갑자기 새끼 곰들이 물었어요.

"우리 아빠 어디 있어요?"

결국, 암곰은 절망하며 새끼 곰들을 강물에 던져 버리고 자신 역시 몸을 던졌어요. 그들이 물에 빠지자 강에서는 거세게 요동치는 풍랑이 일어 강을 건너던 배와 사람들 그리고 짐승들을 모두 집어삼켜 버렸어요. 그날 이후로 평화롭던 강에서는 거칠고 격렬한 급류가 일게 되었지요.

이후, 계곡의 마을 사람들이 암곰의 넋을 달래기 위해 사당을 세우자 그제서야 비로소 강의 물결이 가라앉았어요. 이 사당은 《곰의 항구》를 뜻하는 곰나루라 부르게 되었어요. 나중에 문주왕이 백제의 두 번째 수도였던 웅진을 세운 곳이 바로 이곳이라고 합니다.

L'ourse en pleurs retourna à la caverne, cala ses oursons dans ses bras et se rendit sur la falaise qui surplombait la rivière. Elle resta, un long moment, prostrée à contempler l'eau, pensant que son amour allait revenir. Elle se souvenait des moments heureux passés avec lui. Soudain, les oursons demandèrent :

– Où est notre père ?

Alors, dans sa détresse, elle lança ses enfants dans la rivière avant de s'y jeter elle-même. Leur chute dans l'eau provoqua une gigantesque vague tumultueuse qui avala bateaux, gens et bêtes sur son passage. A partir de ce jour, la paisible rivière devint un torrent furieux et indomptable.

Quelques temps plus tard, les villageois de la vallée bâtirent un temple pour apaiser l'esprit de l'ourse et la rivière retrouva tout son calme. Cet endroit de la rivière fut appelée Gomnaru ce qui signifie « le havre de l'ours ». Plus tard, c'est à ce même endroit que le roi Munju[7] bâtit Ungjin[8], la seconde capitale du royaume Baekje.

9 Le royaume Baekje (백제, 百済) se développa au sud-ouest de la péninsule coréenne durant la période des Trois Royaumes. Il fut anéanti par une alliance entre l'empire chinois des Tang et le royaume de Silla (신라, 新羅) en 660 et annexé par ce dernier.

10 Le nom de la montagne Gyeryong évoque le cocatrix, une espèce de dragon à tête de coq. Ces monts se dressent à l'Est de Daejeon, la plus grosse ville actuelle du Chungcheong du sud.

11 Sangju est une commune du Gyeongsang du nord, province à l'est du Chungcheong du sud. Cette commune jouxte la frontière entre ces deux provinces.

오누이 설화

La légende du frère et de la sœur

Récit raconté et mis en forme par Kim Seok-hyeon(김석현)
Lee Hye-hyeong(이혜형) Oh Se-ra(오세라) Song Su-min(송수민)
Illustrations Park Jung-sun(박정순)

호랑이가 담배 피우던 아주 오래전 삼국시대의 이야기예요. 한반도의 서쪽 전체를 장악했던 강력한 백제가 쇠퇴하게 되었어요. 백제는 동쪽 신라국의 잦은 공격과 북쪽 당나라의 공격에 대항하지 않을 수 없었어요. 전쟁의 패배와 궁중의 권력다툼으로 인해 실망한 왕자 상원은 계룡산에 들어가 승려가 되었어요. 그는 고국 백제왕국의 재건을 간절히 기도했고, 명상하고 도를 닦으며 그렇게 산속 작은 절에서 은둔생활을 했어요.

Nul ne sait si, à l'époque des trois royaumes, les tigres fumaient encore leur longue pipe de bambou. En tout cas, le puissant royaume Baekje[9], qui s'étendait alors sur tout l'ouest de la péninsule coréenne, dépérissait. Il avait dû faire front à l'est aux redoutables attaques du royaume de Silla et au nord à celles de leurs alliés, les Tang de Mandchourie.

Lassé des défaites et déçu de la vie politique, Sang-Won, prince de sang de la famille royale, s'était retiré dans les monts Gyeryong[10] où il s'était fait bonze. Il vivait ainsi reclus en ermite, dans un petit temple où il se consacrait à la méditation, à la contemplation et à la prière pour que bouddha, dans sa grande sagesse, aide son royaume à se redresser.

어느 겨울, 산이 온통 눈으로 덮인 아주 추운 밤이었어요. 짐승의 거친 숨소리가 이 승려의 고요한 명상을 깨뜨렸어요. 놀란 승려는 무슨 일이 벌어졌는지 확인하러 나갔어요. 그는 절의 입구에서 죽을 만큼 고통스러워 보이는 거대한 굶주린 호랑이를 발견했어요.

"오 불쌍한 호랑이야, 대체 무슨 일이냐?" 승려가 소리쳤어요.

"동물을 잡아먹다가 이 빌어먹을 뼈가 목구멍에 박혔어요. 이 뼈가 너무 아프게 해서 도무지 아무것도 먹을 수가 없어요." 호랑이가 투덜댔어요.

"불쌍한 호랑이야, 지금 네가 그토록 고통스러운 것은 네가 식사를 위해 동물들을 죽였기 때문이다. 이번 한번은 내가 너를 도와주겠지만 앞으로 절대로 생명을 죽이지 말아라." 승려가 답했어요.

잠시 후, 승려는 낡은 승복의 소매를 걷고 호랑이의 주둥이 속으로 손을 집어넣어 목구멍 깊숙이 박혀 있는 뼈를 빼내 주었어요.

"오 당신이 죽어가는 나를 살려주었어요. 제가 어떻게 이 빚을 갚을 수 있을까요?" 다 나은 호랑이가 외쳤어요.

"그저 내가 한 말을 잘 기억하렴." 호랑이가 아직 들을 수 있는지 잘 알지 못했지만 승려는 눈보라 속에서 멀어지고 있는 호랑이에게 소리쳤어요.

Par une froide nuit d'hiver, alors que la neige épaisse feutrait la montagne, son recueillement fut troublé par le râle d'un fauve. Intrigué, l'ermite sortit pour voir ce qu'il se passait. Il découvrit à l'entrée du temple un grand tigre famélique qui semblait souffrir mille morts.

– Pauvre bête, lança-t-il, que t'est-il donc arrivé ?

– Lors de mon dernier repas, un vilain os s'est fiché dans mon gosier, grogna l'animal. Il me fait souffrir mille morts et m'empêche de manger quoi que ce soit.

– Pauvre bête, répondit le bonze. Si tu souffres maintenant, c'est parce que tu as tué des animaux pour les manger. Je t'aiderai pour cette fois, mais je te demanderais de ne plus jamais tuer de créature.

Puis, l'ermite retroussa sa lourde manche capitonnée, glissa sa main dans la gueule du tigre et retira l'os planté au fond du gosier.

– Vous m'avez sauvé d'une mort certaine, rugit le fauve en regagnant les bois en trois bons dans un tourbillon de neige, comment pourrai-je m'acquitter de ma dette ?

– Souviens-toi simplement de mes paroles, lança le bonze dans les flocons de la nuit, sans savoir vraiment si la bête pouvait encore l'entendre.

여러 날이 지나고 승려는 절 앞에 야생 새끼 노루의 가죽을 발견하고 깜짝 놀랐어요. 눈 속에서 맹수의 흔적들이 남아있어 호랑이가 그의 먹이를 내려놓고 갔다는 것을 알 수 있었지요. 또 며칠 뒤 어느 아침에 승려는 새끼 멧돼지를 발견했어요. 호랑이는 승려의 충고를 듣지 못했던 것이 틀림없었지요. 그래서 승려는 호랑이를 기다리기로 결심했어요. 몇 시간 후, 한밤중이 되어 승려는 마침내 절 앞에 또 사냥한 동물을 내려놓는 호랑이를 발견했어요.

"내가 너에게 더 이상 어떤 동물도 죽이지 말라고 했던 것을 듣지 못했느냐?" 승려가 호랑이를 엄하게 꾸짖었어요.

"들었어요. 하지만 이것들은 저를 위해서 죽인 것이 아니에요. 당신을 위해서 그런 거예요." 호랑이가 울며 변명했어요.

"승려는 고기를 먹지 않는다는 것을 모르는 거냐?" 승려가 재차 다그쳤어요.

"정말 죄송해요." 부끄러워진 호랑이가 먹이를 다시 집어 들며 용서를 구했지요.

Plusieurs jours plus tard, l'ermite eut la surprise de trouver la dépouille d'un chevrotin sauvage devant le temple. Dans la neige, les grosses empreintes d'un félin indiquaient que le tigre était revenu pour déposer sa proie. Quelques jours passèrent, et un matin, l'ermite découvrit un marcassin. Le fauve n'avait pas dû entendre ses recommandations. Alors, il décida de guetter l'animal. Quelques temps plus tard, au cœur de la nuit, le bonze finit par surprendre le tigre déposant une jeune biche devant le temple.

– Ne m'as-tu entendu lorsque je t'ai demandé de ne tuer plus aucune bête ? lui demanda l'ermite.

– Si, mais je ne les tue pas pour moi, je le fais pour vous, feula l'animal.

– Ne sais-tu pas que les bonzes ne mangent pas de viande ? répondit l'ermite. Rapporte cette biche dans la montagne et nous serons quittes.

– Mille pardons, s'excusa le fauve honteux, en reprenant sa proie.

그러고 나서 승려는 더 이상 호랑이의 기운을 느낄 수 없었어요. 며칠 후 저녁이 되어 승려가 경전을 외우고 있는데 몸이 쓰러질 때 나는 둔탁한 소리가 들렸어요. 그는 무엇인지 보기 위해 밖으로 나갔어요. 그리고 거기에는 바닥에 의식을 잃고 쓰러져 있는 예쁘고 젊은 처자가 있었어요. 승려는 절로 데리고 들어와 편안한 잠자리를 만들어 주고 밤새 간병했지요. 여인이 계속해서 깨어나지 않아 걱정이 된 승려가 막 의원을 찾아 나서려던 참이었어요. 그때 마침 여인이 의식을 되찾고 눈을 떴어요.

그녀가 어디에 있는 것인지 알려준 후, 승려가 그녀에게 누구인지 물었어요.

"제 이름은 영월입니다." 여인이 답했어요. "저는 상주에 살고 있어요."

"아니 그런데, 도대체 어떻게 한밤중에 이곳에 오게 됐습니까?" 승려가 되물었어요.

"제 얘기를 들어보세요." 두려움에 몹시 떨면서 그녀는 전날 밤 일어났던 일을 회상하며 낮은 목소리로 얘기했어요. "부모님이 저를 마을의 한 늙은 양반과 결혼시킨 지 이틀도 안 되었어요. 결혼한 날 밤 화장실에 가려고 나왔는데 거기서 거대한 호랑이를 보고 너무 놀랐어요. 그 사나운 호랑이를 보고 정신을 잃었는데 이 절에서 의식을 차린 거예요. 호랑이가 저를 여기까지 데리고 온 것이 분명해요."

"네 그런 것 같아요." 승려가 한숨을 내쉬었어요. "이 호랑이는 여전히 나에게 빚을 지고 있다고 생각하는 것 같네요. 정말 죄송합니다. 오늘은 여기서 쉬세요, 내일은 집으로 꼭 돌아가셔야 합니다."

"아아, 마을 사람들 모두 제가 죽었을 거라고 믿을 거예요! 이틀 밤이 넘게 동침도 하지 않은 저를 그들이 어떻게 생각할까요? 너무 수치스러워요." 여인이 울먹이며 말했어요. "저는 다시 돌아갈 용기가 없어요."

"남편이 당신을 기다리고 있을 겁니다. 그는 무척이나 걱정하고 있을 거라고요. 당신을 다시 보면 아주 기뻐할 거예요." 그녀가 용기를 내도록 부추기며 승려가 대답했어요.

Puis, l'ermite n'eut plus jamais eu vent du tigre. Enfin, jusqu'à un soir, alors qu'il mémorisait des sutras, il entendit le bruit sourd d'un corps qui tombait. Il sortit pour voir ce que c'était. Et là, il découvrit une belle jeune femme étendue inconsciente sur le sol. Il la porta à l'intérieur du temple où il lui installa une couche confortable. Là, Il la veilla toute la nuit. Très inquiet de voir qu'elle ne se réveillait toujours pas, il était sur le point, de prendre la route pour aller chercher un médecin, quand enfin elle reprit ses sens.

Après lui avoir révélé où elle était, l'ermite l'interrogea.

– Je m'appelle Young-Wol, répondit la jeune femme, et j'habite dans le village de Sangju[11].

– Mais comment diable, êtes-vous arrivée ici en pleine nuit ? demanda le bonze.

– Ecoutez mon histoire, murmura-elle, toute tremblante de peur à l'évocation de ce qui lui était arrivé la veille. Cela ne fait pas deux jours que l'on m'a mariée avec un vieux *yangban* de mon village, et durant cette même nuit, je suis sortie pour aller aux toilettes. Et là, j'ai été surprise par un gros tigre. La bête était si féroce que je me suis évanouie. Je n'ai repris connaissance que dans votre temple. Ce ne peut être que ce tigre qui m'a amené jusqu'ici.

– Je vois, soupira le bonze, cette bête pense qu'elle a toujours une dette envers moi. Je vous présente toutes mes excuses. Reposez-vous ici aujourd'hui, mais dès demain, il vous faudra retourner chez vous.

– Hélas, tout mon village me croit morte ! Que vont-ils penser de moi après deux nuits d'absence hors du lit conjugal ? Quelle honte … gémit la jeune femme. Je n'aurai pas le courage d'y revenir.

– Allons, votre mari doit vous attendre, il doit être terriblement inquiet, il sera très heureux de vous retrouver, répondit l'ermite, en tentant de la raisonner.

"저는 절대 결혼하고 싶지 않았어요!" 여인이 대꾸했어요. "그 호랑이는 저를 해방시켜준 거예요. 너무 고마운 일이라고요. 지금부터 저는 불도를 닦으며 여기서 살고 싶어요."

"당신은 아직 너무 몸이 안 좋아요. 주무세요, 조금 더 쉬고 내일 얘기합시다." 그의 삶을 혼란스럽게 하는 그 여인이 좋게 보이지 않는 승려가 나지막이 덧붙였어요.

다음날 아침 승려는 밥과 산에서 캔 여러 나물들을 넣어 끓인 국으로 조촐한 식사를 준비했어요.

"자 이거 드세요. 기운을 차려야 해요. 그래야 집으로 돌아갈 수 있을 겁니다." 승려가 식사를 권하며 말했어요.

그러나 이 젊은 여인은 울면서 음식을 집어 던졌어요.

"보세요. 이 절에서 우리는 한 방에서 이미 이틀 밤을 함께 잤어요. 당신과 함께 배우자로서 여기서 사는 것 외에는 다른 방도가 없을 것 같아요. 충분히 생각해 봤다구요"

"설마! 농담하지 마세요! 나는 승려예요 그리고 나의 맹세에 따라서 결혼을 하지 않을 거예요." 승려가 답했어요.

하지만 여인은 흐느껴 울며 애원했어요. "제발 부탁해요. 저를 내쫓지 마세요! 적어도 저를 당신의 곁에 남을 수 있도록 해주세요."

그녀의 진실함에 감동받은 승려는 체념하고 받아들였어요.

"그래요! 당신이 그렇게도 떠나고 싶어 하지 않으니 여기서 오누이처럼 지내봅시다."

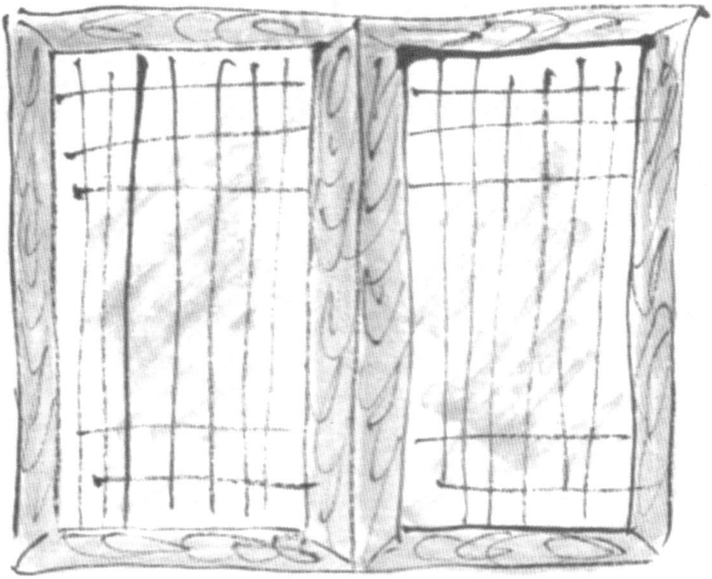

– Je n'ai jamais voulu l'épouser ! répliqua la jeune femme. Ce tigre m'a délivré, c'est une bénédiction. Dès à présent, je désire vivre ici dans la voie de Bouddha.

– Vous êtes encore trop faible. Dormez, reposez-vous et nous en reparlerons demain, grommela le bonze qui ne voyait pas d'un bon œil qu'une femme vienne perturber sa vie d'ermite.

Le lendemain matin, le bonze prépara un bon petit déjeuner avec du riz et une grosse marmite de soupe avec des racines et d'autres plantes de la montagne.

– Tenez ! mangez ! vous devez prendre des forces car après le repas, il vous faudra retourner chez vous, dit le moine.

Mais, la jeune femme se jeta aux pieds de l'ermite en pleurant :

– J'ai longuement réfléchi ! Voilà deux nuits que nos couches sont côte à côte dans ce temple. Je ne vois pas d'autre solution que de vivre avec vous en tant qu'épouse.

– Mais vous n'y pensez pas ! répondit le bonze. Je suis moine et mes vœux de ne me permettent pas de prendre une épouse.

– Je vous en supplie, sanglota la jeune femme. Ne me chassez pas ! Laissez-moi au moins rester à vos côtés.

Touché par la sincérité de la jeune femme, le bonze se résigna et finit par accepter :

– Bon ! puisque vous ne voulez pas partir, je vous propose de vivre ici comme frère et sœur.

C'est ainsi qu'ils devinrent comme frère et sœur. Ensemble, ils priaient bouddha. Ensemble, ils distribuaient du riz aux pauvres. Ensemble, ils allaient ramasser des plantes médicinales dans la montagne pour les vieilles gens.

이렇게 그들은 오누이처럼 지내게 되었어요. 그들은 함께 염불을 하고 가난한 사람들에게 식량을 나눠주고, 노인들을 위해 산에서 약초를 캐며 살았어요.

이 오누이는 검은 머리가 파뿌리 될 때까지 오랫동안 살았어요. 그리고 어느 날 저녁 그들은 같은 시간에 같이 숨을 거두었지요. 시간이 흐른 후 그들을 기리기 위해 이웃마을 사람들은 오늘날 우리가 '남매탑'이라고 부르는 두 탑을 쌓아 주었답니다.

Ce couple fraternel vécu longtemps jusqu'à ce que leurs cheveux prennent la teinte des racines de ciboules. Et puis un soir, à la même heure, ils se sont éteints ensemble.

Quelques temps plus tard, pour honorer leur mémoire, les gens de la ville voisine bâtirent deux pagodes que l'on appelle encore le frère et la sœur.

12 Le royaume Baekje (백제, 百済) se développa au sud-ouest de la péninsule coréenne durant la période des Trois Royaumes. Il fut anéanti par une alliance entre l'empire chinois des Tang et le royaume de Silla (신라, 新羅) en 660 et annexé par ce dernier.

13 Le roi Jinpyeong régna 53 ans sur le royaume de Silla (신라, 新羅) de 579 à 632.

14 Quand Seo-Dong, le héros de cette légende devint roi, il prit le nom de Mu-wang, il régna sur le royaume Baekje (백제, 百済) de l'an 600 à 641.

서동과 선화 공주
Seo-Dong et la princesse Sun-Hwa

Récit raconté et mis en forme par Ji Jun-young(지준영)
Oh Seul-bi(오슬비) Jo Moo-ghang(조무강) Oh Ju-gyeong(오주경)
Illustrations Jeo Seon-boon(조선분)

이 모든 이야기는 서동의 어머니가 백제 왕국의 수도인 사비에서 탈출하며 시작되었어요. 그녀는 왕의 아이를 품었으나 상속 분쟁을 두려워한 나머지 고향의 작은 마을로 피난하게 되었지요. 그녀에게는 참마를 재배할 수 있는 작은 들판이 있었어요. 임신 기간 중 그녀는 용이 자신에게 여의주를 건네는 꿈을 꾸었어요. 이는 특별한 운명을 가진 아이가 태어난다는 징조였지요.

아홉 달 후, 그녀는 영특한 아이 서동을 낳았어요. 아이는 쑥쑥 자라 친절하며 남을 잘 도와주는 사람이 되었고 모두가 그를 좋아했어요. 그의 영리함은 곧 영험한 능력이 있는 지명 법사의 눈에 띄었어요. 그는 어린 소년에게 호의를 베풀어 글과 고대 문자를 가르쳤어요. 서동은 낮에는 참마 밭에서 어머니를 돕고, 밤에는 스승님과 함께 공부했지요. 시간이 지나자 서동은 용모가 빼어나고 용감한 사람이 되었어요. 그의 목소리는 듣기 좋았고, 남들보다 뛰어난 지혜가 있었어요.

Tout commença lorsque la mère de Seo-Dong s'enfuit de Sabi, l'ancienne capitale du royaume de Baekje[12]. Elle portait dans son ventre l'enfant du roi, mais craignant les disputes de succession, elle s'était réfugiée dans son petit village natal. Elle y possédait quelques maigres champs où elle faisait pousser des ignames. Pendant sa grossesse, elle rêva d'un dragon qui lui offrait un magnifique bijou. C'était là, le présage de la venue d'un enfant au destin exceptionnel.

Neuf mois passèrent, et elle donna naissance à Seo-Dong, un magnifique petit garçon. L'enfant grandit vite et comme il était gentil et serviable tout le monde l'aimait bien. Sa vivacité d'esprit avait été remarquée par maître Ji-Myung, un bonze mystique, qui s'étant pris d'affection pour le garçon, lui apprenait les lettres et les textes anciens. Ainsi, le jour, il aidait sa mère dans les champs d'ignames et la nuit, il étudiait avec son maître. Le temps passa, Seo-Dong devint un bel homme fort et courageux dont à la voix grave et ferme laissait transparaitre une sagesse hors du commun.

어느 날, 마를 팔러 간 서동은 복작거리는 저잣거리에서 백제의 동쪽에 위치한 신라 진평왕의 셋째 딸 선화공주의 미모가 빼어나다는 이야기를 듣게 되었어요. 집으로 돌아온 서동은 공주를 동경하게 되었고, 그녀와 결혼을 하기로 결심했어요.

그 다음날 서동은 참마를 보따리에 채워 서라벌로 향했어요. 신라의 옛 수도에 도착한 그는 시장 한가운데에 앉아 놀고 있던 아이들을 소리쳐 불러 모이게 했어요.

"얘들아! 내가 너희에게 마를 줄 테니 내가 알려주는 노래를 불러주겠니?"

"노래요? 어떤 노래요?" 아이 하나가 물었어요.

"그럼 이 마를 전부 우리에게 주실 건가요?" 다른 아이 하나가 눈을 크게 뜨고 또 물어보았죠.

"물론이지." 서동이 대답했어요. "너희는 노래만 부르면 돼. 저녁이 되면 선화 공주님은 서동을 만난대요 달밤에 몰래 결혼해서, 매일 사랑을 나눈대요"

Un jour dans le bruyant tumulte du marché où il vendait ses ignames, Seo-Dong, entendit parler de la beauté extraordinaire de Sun-Hwa, la troisième fille de Jinpyeong[13], le roi de Silla, un royaume voisin qui s'étendait à l'est de celui de Baekje. De retour à la maison, il s'était mis à rêver de cette princesse et aussi incroyable que cela pût paraître, il décida de l'épouser.

Le lendemain, Seo-Dong fourra des ignames dans son balluchon et prit la route de Seorabol. Arrivé à l'ancienne capitale de Silla, il s'assit au milieu du marché et héla une troupe d'enfants qui jouaient bruyamment :

– Hey les gars ! Si je vous donne ces ignames, chanterez-vous ma chanson ?

– Une chanson ? Quelle chanson demanda un gamin.

– Et toutes ces ignames seront- à nous ? lança un autre en ouvrant de grands yeux.

– Oui bien sûr, répondit Seo-Dong, il vous suffit de chanter : « Au petit soir, la princesse Sun-Hwa rencontre Seo-Dong — Mariés en secret au petit jour, ils s'aimeront toujours. »

노래는 입에서 입으로 전해지며 순식간에 퍼져 나갔어요. 이 소문은 신라 진평왕의 귀에까지 들어가게 되었답니다. "무어라? 짐이 무슨 말을 들은 것인고?" 분노한 왕이 소리쳤어요. "어린 아이들이 선화 공주님이 달밤에 서동을 보러 간다는 노래를 부르고 있사옵니다." 신하 한 명이 기어들어가는 목소리로 간신히 대답했지요. "도대체 무슨 말을 하는 것이냐? 당장 선화 공주를 불러 오너라!" 진평왕의 불호령이 온 궁전을 뒤흔들었어요.

혼란과 수치심 때문에 공주는 아버지 앞에서 떨고 있는 것처럼 보였어요.

"바른대로 고하렸다! 서동이 대체 누구더냐?" 진평왕이 추궁했어요. "전하, 맹세코 소녀는 서동을 전혀 모르옵니다." 공주가 말했어요. "또한 그 노래에 대해서도 전혀 아는 바가 없사옵니다." "허튼 소리를 하는구나!" 왕이 몰아붙였어요. "아니 땐 굴뚝에 연기가 나겠느냐! 허니 모르는 척 하지 말거라! 너는 나를 욕보였다. 더 이상 너를 보고 싶지 않으니 즉시 이 궁을 떠나서 다시는 돌아오지 말거라!"

선화 공주는 울면서 방으로 돌아와 떠날 준비를 하였어요. 그녀가 떠나기 전에, 공주의 어머니는 그녀에게 금을 숨겨 넣은 떡 몇 점을 주었어요.

Comme une trainée de poudre, la chanson s'envola de bouche en bouche. Tant est si bien, qu'elle parvînt aux oreilles du roi Jinpyeong.

– Quoi ? Qu'est-ce que j'entends ? rugit le roi de rage

– Les enfants chantent que la princesse Sun-Hwa rencontre Seo-Dong au petit soir..., répondit un de ses ministres d'une voix faible et mal assurée.

– Qu'est-ce que c'est que cette histoire ? Appelez-moi, la princesse Sun-Hwa ! gronda le roi Jinpyeong à en faire trembler tout le palais.

Confuse et honteuse, la princesse se présenta toute tremblante devant son père.

– Dis-moi la vérité ! qui est donc ce Seo-Dong ? réprimanda le roi Jinpyeong.

– Je vous promets, mon père, je ne connais aucun Soe-Dong, assura la princesse. Et je ne sais rien de cette chanson.

– Baliverne ! tempêta le roi. Il n'y a pas de fumée sans feu ! Alors, ne fais pas semblant de ne pas savoir ! Tu me déshonores, je ne veux plus jamais te revoir, quitte ce château dans l'heure et n'y reviens plus jamais.

En larmes, la princesse Sun-Hwa retourna dans sa chambre pour rassembler à la hâte quelques affaires. Et, avant son départ, sa mère lui donna quelques galettes dans lesquelles elle glissa des pépites d'or.

으흐흑

이윽고, 선화공주는 궁전을 떠났어요. 밤이 깊어오자 허름한 옷을 입은 청년이 그녀에게 다가섰어요. "이 길은 밤에는 사람이 다니지 않아 아녀자 홀로 지나기에는 위험하오. 아씨께서 괜찮으시다면, 제가 가시는 길 동행해 드리겠습니다." "괜찮아요." 선화가 대답했어요. "그런데 당신은 누구신지요?" "제 이름은 서동입니다." "뭐라고요? 당신이 서동인가요? 노래에서 말하는 그 서동입니까?" "바로 그렇습니다." 소년은 자신있게 말하며 매력적인 환한 웃음을 지어 보였어요.

놀란 선화공주는 그 소년에게 이 노래 때문에 아버지가 저를 궁전에서 쫓아냈다 말했어요. 마침내, 노래처럼 달밤에 서동과 선화는 만나게 된 것이었죠. "어떻게 이럴 수가 있죠?" 선화공주가 물었어요. "이건 운명의 신호임이 틀림없어요." "정말로 그렇군요! 이 노래는 분명 우리를 만나게 하기 위해 만들어진 것일 겁니다." 그가 부드럽고 따뜻한 목소리로 대답했어요.

그리고 얼마 후 두 사람은 결혼하게 되었어요. 선화는 서동을 따라 백제로 갔어요. 한 쌍의 원앙처럼, 그들은 서로 열렬히 사랑하는 사이가 되었지요. 소박한 초가집에는 서라벌 왕궁에서 누릴 수 있었던 안락함은 없었지만 선화공주는 그런대로 만족하며 살았어요.

À l'heure où les ombres s'allongent, Sun-Hwa quitta le palais. Trois pas plus loin, sorti de la pénombre, un jeune homme pauvrement vêtu s'approcha d'elle et sans même se présenter l'apostropha :

– Au petit soir, cette rue peu passagère pourrait devenir dangereuse pour une femme seule. Si vous le permettez, je pourrais vous accompagner un brin de route.

– Je le veux bien, répondit Sun-Hwa. Mais, qui êtes-vous donc ?

– Je m'appelle Seo-Dong !

– Comment ? Vous vous appelez Seo-Dong ? Vous voulez dire Seo-Dong comme dans la chanson ?

– Oui ! C'est ça, répondit ingénument le garçon avec un superbe sourire.

Surprise Sun-Hwa confia au garçon qu'elle venait de se faire chasser du palais par son père, précisément à cause de cette chanson. Et finalement au petit soir, elle rencontrait Seo-Dong comme dans la chanson.

– N'a-t-on jamais entendu chose de pareil ? demanda Sun-Hwa. À coup sûr, c'est un signe du destin.

– C'est exactement cela ! Cette chanson a été inventée pour qu'on se rencontre ! dit-il d'une voix douce et chaude.

L'amour tissa ses liens, tant et si bien qu'au petit matin ils étaient mariés. Sun-Hwa suivit Seo-Dong à Baekje où, comme des canards mandarins, ils ne pouvaient vivre l'un sans l'autre. Leur chaumière rustique n'avait pas le confort du palais royal de Seorabol, mais, Sun-Hwa s'en accommodait assez bien.

그러던 어느 날 아침, 그녀는 거친 대마 옷과 빈곤한 피죽 식사에 싫증이 나서 가지고 있던 금을 팔기로 마음먹었어요. "이 덩어리를 비단과 쌀로 바꿀 수 있을까요?" 그녀는 남편에게 물었어요.

"이 노란 돌은 뭔가요?" 서동은 놀라서 물었어요.

"금 덩어리입니다. 아주 값비싼 것이지요."

"이것과 비슷하게 생긴 돌이 내 참마 밭에 널려 있는 걸요!" 조금 혼란스런 얼굴로 서동이 말했습니다.

부부는 지체하지 않고 참마 밭으로 가 흩어져 있던 금덩이들을 모두 모아 금으로 된 산을 만들었어요. 너무 많았기 때문에 부부는 신라의 왕궁에 금의 일부를 보내기로 결정했어요. 선화는 아버지로부터 용서 받기를 원했어요. 그러나 이 금산 앞에서 그들은 난처해졌지요. "이 금을 어떻게 아버님의

궁전으로 옮기죠?" 선화가 한숨을 내쉬었어요.

그러나 서동은 그의 오랜 스승이며, 많은 것을 공부한 지명 스님이 확실한 해결책을 가지고 있을 것이라 생각했어요. 그들은 늙은 스님이 은둔하고 있는 용화산으로 갔어요.

"이 금들을 모두 부인의 아버님이 계신 궁전으로 보내면 되겠습니까?" 스님이 물었어요. 스님에게는 그것이 그렇게 어려운 일이 아닌 듯 했어요.

"혹시 양친께 보낼 편지가 있다면 같이 보내드리겠습니다, 부인."

"친절에 감사드립니다, 스님." 선화공주는 고개 숙여 감사를 표했어요.

부부는 바구니에 금덩이들과 함께 아버님께 보내는 편지를 넣었고, 한 순간에 바구니는 지명 스님의 마법으로 사라졌어요.

Toutefois, un beau matin, las de ses rêches habits de chanvre et du pauvre gruau de millet de leur repas, elle décida d'utiliser un peu de son or pour améliorer leur quotidien.

– Ne pourrions-nous pas changer cette pépite contre de la soie et du riz ? demanda-t-elle à son mari.

– Qu'est-ce donc que cette pierre jaune ? demanda Seo-Dong perplexe.

– C'est une pépite d'or. Elle est d'une grande valeur.

– Mais...des pierres toutes semblables, il y en a partout dans mes champs d'ignames ! dit Seo-Dong un peu confus.

Sans perdre de temps, le couple alla dans les champs d'ignames et amassa une montagne d'or avec toutes les pépites qui étaient éparpillées là sur le sol. Il y en avait tellement, qu'ils décidèrent d'en envoyer une partie au palais royal de Silla. Sun-Hwa espérait ainsi se faire pardonner de son père. Mais devant cette montagne d'or, ils étaient embarrassés.

– Comment allons-nous faire pour transporter tout cet or jusqu'au palais de mon père ? Soupira Sun-Hwa.

Mais, Seo-Dong avait une idée, son vieux maître, le moine Ji-Myung, qui avait étudié les vieux livres ésotériques, aurait certainement une solution. Ils se rendirent dans les monts Yonghwa où le vieux moine s'était retiré dans un temple.

– Transporter tout cet or jusqu'au palais de ton père ? demanda le vieux moine. Mais, c'est la simplicité même ! Et si, vous écriviez une lettre à vos parents, Madame, je la leur transmettrai aussi.

– Vous êtes la bonté même, maître Ji-Myung, remercia Sun-Hwa pleine de gratitude, tête baissée et courbant le dos jusqu'à frôler le sol.

Le couple chargea tout l'or dans une charrette, déposa la lettre de Sun-Hwa et grâce à la magie de maître Ji-Myung, l'or s'évapora d'un coup.

궁전 안뜰 한가운데에서 금산을 발견한 진평왕과 여왕은 매우 놀랐어요. 여왕은 곧 금덩이들 사이에서 공주의 편지를 발견했고, 자신의 딸이 서동과 결혼해 백제에서 살고 있다는 것을 알게 되었어요. "짐이 서동을 잘못 생각했군!" 진평왕이 웃음을 터뜨렸어요. "이 금들을 보아하니 그가 공주를 잘 돌볼 것이 분명하오."

며칠 후, 선화공주는 부모님의 편지를 받았어요. 부모님은 서동을 사위로 인정하고 부부에게 축복을 보냈어요. 소식을 들은 선화공주와 서동은 기뻐했고 서로 얼싸안으며 행복해 했지요. 그 후, 서동은 학문에 몰두했어요. 이 자애로운 부부는 나라의 가난한 백성들을 위해 금을 사용했어요.

Le Roi jinpyeon et la reine furent très surpris de trouver une montagne d'or en plein milieu de la cour du palais ! Et au-dessus, parmi les pépites, la reine découvrit la lettre de la princesse, dans laquelle sa fille expliquait qu'elle vivait désormais dans le royaume de Baekje avec Seo-Dong qu'elle avait épousé.

– Je me suis bien trompé sur ce Seo-Dong ! reconnut le roi Jinpyeong en éclatant de rire. Je suis certain qu'avec tout cet or, il s'occupe bien d'elle.

Quelques jours plus tard, Sun-Hwa reçut la réponse de ses parents. Ils reconnaissaient Seo-Dong comme leur gendre et ils bénissaient le couple. Cette nouvelle inonda de bonheur Sun-Hwa et Seo-Dong. Ils s'embrassèrent et s'empressèrent de partager leur joie autour d'eux. Après cela, Seo-Dong se consacra à l'étude. Et le couple généreux aida grâce son or les pauvres gens du royaume.

얼마 후 백제의 왕이 죽자 서동이 다음 왕으로 인정받게 되었어요. 백제의 '무왕'이 된 그는 모두의 존경과 사랑을 받았고, 백성들의 칭송을 받으며 40년 동안 통치를 하다 세상을 뜨게 되었답니다.

Quelques temps plus tard, à la mort du roi de Baekje, la lignée royale de Seo-Dong fut enfin reconnue. Aimé et respecté de tous, le peuple l'acclama, et après plus de quarante ans de règne, il mourut soudainement. Depuis, ce roi à l'allure martiale est connu sous le nom posthume de Mu-Wang[14].

15 Sabi était la capitale du royaume de Baekje de 538 à 660. Toutefois, cette légende vient probablement de 742, date où les pagodes du temple Bulguksa ont été construites. Ce temple se dresse près de la ville de Gyeongju, ancienne capitale du royaume de Silla.

16 Le royaume Baekje (백제, 百濟) se développa au sud-ouest de la péninsule coréenne durant la période des Trois Royaumes. Il fut anéanti par une alliance entre l'empire chinois des Tang et le royaume de Silla (신라, 新羅) en 660 et annexé par ce dernier. Cette légende se déroule donc après cette annexion.

아사달과 아사녀
Asadal et Asaneyo

Récit raconté et mis en forme par Дарья Самусенко(다리야 사무센코)
Lee Seung-hoon(이승훈) Kang Hye-min(강혜민)
Illustrations Ji Jeong-ja(지정자)

삼국시대 당시 백제의 수도 사비에 아사달과 아사녀 부부가 살고 있었어요. 조각가인 아사달은 건축에도 재능이 있었는데 언제나 자신의 작업에 많은 공을 들였답니다.

아사녀는 남편 아사달을 매우 사랑하여 그를 정성껏 내조하였어요. 그들 부부의 삶은 매우 평화로웠고 그들의 사랑은 매우 강했기 때문에 누구도 그들을 갈라놓을 수 없었어요.

어느 날, 아사달에게 신라 수도 서라벌에 있는 부덕사의 탑을 건축해 달라는 제의가 들어왔어요. 아사달은 자신의 이름을 널리 알릴 수 있는 그 제안을 곧 받아들였으나 아사녀와 떨어져야한다는 점이 마음에 걸렸어요.

아사달은 그의 능력을 세상에 보여줄 수 있다는 것에 대해 생각할수록 가슴이 두근거렸어요. 하지만 훌륭한 탑을 만들기 위해서는 또한 많은 시간이 필요하다는 것도 그는 알고 있었지요.

"탑을 만드는 데에는 아마 2년에서 3년이 걸릴 거야. 그 긴 시간동안 아사녀 없이 어떻게 지낼 수 있을까?"

아사녀는 아사달에게 이 작업이 매우 중요한 기회라는 것을 알았기 때문에 계속 울고만 있을 수는 없었어요. 그러나 이 일은 섬세한 그녀에게 매우 갑작스럽고, 매우 고통스러운 것이었지요.

"여보, 서라벌로 떠나는 걸 취소할 수 없나요? 나는 당신 없는 삶을 상상할 수 없어요."

그러나 이미 결심을 굳힌 아사달은 아사녀에게 빨리 일을 시작해야 한다고 말했어요

Dans la période des Trois Royaumes, à Sabi[15], l'ancienne capitale de Baekje[16], vivaient Asadal et Asanyeo, deux amoureux. Asadal était un sculpteur de talent et consacrait beaucoup de temps à son travail. Asanyeo l'aidait, l'entourait de soins, d'affection et créait tout le confort de la maison. Leur vie était calme. Ils étaient infiniment heureux et leur amour était si fort que rien ni personne ne pouvait le détruire.

Un jour, Asadal reçut une invitation pour aller à Seorabol, la capitale du royaume de Silla, pour construire des pagodes dans le temple Bulguksa. Asadal considéra cette proposition comme un honneur et il l'accepta. Cependant, la pensée de se séparer d'Asanyeo lui fendait le cœur. Il était déchiré entre le fait de pouvoir montrer à tout le monde de quoi il était capable et celui de rester auprès de sa bien-aimée. Il savait qu'il aurait besoin de beaucoup de temps pour construire de vrais chefs-d'œuvre.

– Il me faudra bien deux ans ou même trois pour faire ce travail.... Comment pourrais-je passer tant de temps sans Asanyeo ? se demandait le sculpteur.

Asanyeo ne put retenir ses larmes quand elle apprit la nouvelle du départ d'Asadal. C'était trop soudain et trop pénible pour son âme sensible.

– Asadal... Mais... Es-tu vraiment obligé de partir pour Seorabeol ? Je ne peux pas imaginer la vie sans toi...

Résolu, Asadal lui répondit avec calme que, malgré cette séparation douloureuse, il lui fallait commencer le travail le plus tôt possible.

아사달이 떠나야 할 날이 빠르게 다가왔어요. 떠나기 전날 밤, 두 사람은 모두 생각이 너무 많아서 잠을 이룰 수 없었답니다.

"나는 당신이 떠나는 걸 원하지 않아요. 하지만 부덕사에서 탑을 만드는 일이 당신에게는 무엇보다 중요하니 말리지 않겠어요."라고 아사녀가 말했어요.

동이 터오자 아사달은 떠날 채비를 하였어요. 아사녀는 부처님에게 그가 훌륭한 탑을 만들고 무사히 돌아올 수 있게 해달라고 기도드렸어요. 그토록 오랜 기간 동안 떨어져 지낸다는 것을 상상할 수 없었지만 부부는 가슴 아프게 작별 인사를 하고 아사달은 떠났어요.

Les amoureux n'avaient que trois jours avant le départ d'Asadal. Ils savouraient chaque instant passé ensemble. Mais qu'est-ce que trois jours pour des amoureux ? Leur dernière nuit fut pénible. Ni l'un ni l'autre ne pouvaient dormir. Chacun était perdu dans ses pensées...

– Je ne veux pas qu'il parte... Mais... Je dois comprendre que c'est une chance unique pour un sculpteur de construire des pagodes dans un tel temple que Bulguksa... C'est très important pour lui... Je ne dois pas l'empêcher de partir... se disait Asanyeo.

Et lui de son côté, il ne cessait de ressasser que sa bien-aimée lui manquerait énormément, il ne pouvait même pas imaginer ce que représentait deux ou trois ans de séparation.

Le jour commençait à poindre, Asadal était prêt à partir. Asanyeo enlaça une dernière fois son époux. Elle lui recommanda de se consacrer à son travail, et que de son côté, elle prierait Bouddha pour combler son absence. Ces paroles réconfortèrent le sculpteur. Ils firent leurs adieux et s'embrassèrent pour la dernière fois. Asadal se mit en route.

아사달이 서라벌에 도착했을 때 그는 서라벌의 탑들을 관찰하였어요. 어떤 것들은 작고 또 다른 것들은 컸고, 간단한 형태를 가지고 있었던 것도 있었으나 또 어떤 것들은 깜짝 놀랄 만큼 훌륭하기도 하였어요.

"나도 아름다운 탑을 짓고 싶어. 내가 세운 그 탑을 모든 사람들이 우러러봤으면 좋겠어."

마침내 아사달은 부덕사 안으로 들어갔어요. 제일 먼저 그는 탑과 탑이 세워질 장소가 잘 조화를 이룰 수 있도록 주의 깊게 주변을 조사하고 구조를 생각하기 시작했어요. 마침내 완벽한 이미지가 떠올랐을 때 아사달은 도구를 가지고 돌을 자르기 시작했어요.

그는 비가 오거나 눈이 오더라도 멈추지 않고 결코 쉬지 않고 일했어요. 아사달의 손을 거치면 단단한 돌도 세련되고 우아해졌답니다.

Quand Asadal arriva à Seorabeol, il observa les pagodes de cette ville. Certaines étaient basses et d'autres très hautes, il y en avait de toutes simples et d'autres extraordinaires qui le stupéfiaient.

– J'espère pouvoir construire d'aussi belles pagodes, se dit-il. J'aimerais bien que tout le monde les admire.

Enfin, Asadal entra dans le temple Bulguksa. Tout d'abord, il en examina attentivement la structure pour adapter son œuvre à l'architecture du lieu. Il se concentra sur les moindres détails. Quand finalement, une image parfaite se dessina dans son esprit, le sculpteur prit ses ciseaux et commença à tailler des pierres.

Il travaillait sans repos, ne s'arrêtant jamais, pas même s'il pleuvait ou neigeait. A travers les mains d'Asadal, la pierre grossière et dure prenait forme, devenait raffinée et élégante.

Plus d'une année passa. La première pagode s'éleva dans la cour du temple et tous les moines s'émerveillèrent de ce chef-d'œuvre. Elle était si belle, si délicate et si richement ornée qu'ils ne pouvaient en détourner leurs yeux. C'est pourquoi, les bonzes l'appelèrent Dabotap, ce qui veut dire la pagode des trésors abondants. Ils la dédièrent au Bouddha du passé et de ses nombreux trésors.

Sans perdre de temps, Asadal se remit à l'ouvrage pour la seconde pagode. Tous s'attendaient à ce que cette future pagode soit plus splendide encore que Dabotap. Mais les projets d'Asadal étaient tout à fait autres... Il voulait construire une pagode d'un style différent. Il imagina cette seconde pagode avec des proportions simples et équilibrées, mais surtout, sans aucun élément décoratif. Elle serait la pagode de Shakyamuni, représentant le Bouddha du présent.

이로부터 1년 이상이 지났어요. 사원의 안뜰에는 첫 번째 탑이 올라갔고, 모든 승려들은 이 아름다운 걸작품에 대해서 감탄을 금치 못했어요. 탑은 매우 아름다웠고 섬세했으며 화려하게 장식 되어 눈을 돌릴 수가 없었어요. 그래서 스님들은 이 탑에 보물이 풍부하다는 의미로 다보탑이라는 이름을 붙여주었어요. 그들은 많은 보물들과 함께 그것을 과거의 부처님께 바쳤어요.

곧이어 아사달은 두 번째 탑을 짓기 시작했어요. 모든 사람들은 두 번째 탑이 다보탑보다 화려할 것이라고 예상하였어요. 그러나 아사달의 생각은 매우 달랐지요. 그는 다른 모양의 탑을 만들고 싶어했어요. 간단하고 균형 잡힌 비율을 가졌으면서 장식적 요소가 없는 두 번째 탑을 생각한 것이에요.

그러는 동안, 아사녀는 아사달을 기다리며 매일 부처님께 기도했어요. 그녀는 아사달로부터 아무런 소식도 듣지 못한 채 장장 2년을 기다렸어요. 조금씩 걱정이 생겨났고, 날이 갈수록 그 걱정들은 점점 커져 갔어요.

"그이는 뭐하고 지낼까? 혹시 그가 아픈 건 아닐까? 내가 필요하진 않을까? 그가 돌아올까?"

그녀는 하루 종일 이런 생각을 반복하며 지냈어요.

아사녀는 더 이상 참을 수가 없었어요. 어느 날 아침, 그녀는 아사달을 찾기 위해 떠나기로 마음먹었어요. 그녀는 아름다운 풍경을 보지도 않고 쉬지도 않은 채 오랫동안 걸었어요. 그녀는 갈증과 굶주림조차 잊어 버렸지요. 가여운 아사녀는 아사달을 가능한 빨리 만나보고 싶은 마음뿐이었어요. 마침내 서라벌에 도착한 그녀는 불국사를 지키는 승려에게 다가 갔어요.

"안녕하세요, 저는 아사달의 아내에요. 혹시 그를 만나볼 수 있을까요?"

아사녀는 울먹이면서 말했어요.

"안 됩니다!"

승려는 매우 단호하게 대답하였어요.

"어떤 여자도 탑이 만들어지는 동안에는 들어갈 수 없어요!"

불쌍한 여인은 아사달이 매우 가까이에 있지만 만날 수 없다는 것을 깨달았어요. 그러나 아사달을 보고 싶은 그녀의 소망은 날로 더욱 강해졌어요. 매일 그녀는 사찰로 들어가 망치와 끌의 소리를 들었어요. 이를 통해 그녀는 남편의 존재를 느낄 수 있었고 그것이 조금씩 위로가 되었지요.

어느 날, 그녀가 망치질 소리를 듣고 있는 동안 절을 지키는 스님이 아사녀에게 언제 그의 남편이 일을 끝낼 수 있는지를 알 수 있는 신비롭고 신성한 장소를 알려주었어요.

"여기 근처에 작은 연못이 있는데, 두 번째 탑이 완성될 때 연못에 비칠 거예요.."

아사녀는 정신없이 연못으로 향했어요. 그녀는 단순하게 아사달을 다시 보고 싶은 마음뿐이었죠.

"나는 그 탑이 만들어 질 때까지 여기서 매일매일을 보낼 거야. 나는 매일 이곳에 해가 뜰 때부터 해가 질 때까지 있을 거야. 그러면 나는 거기에서 아사달을 다시 볼 수 있을 거야."

라고 아사녀는 생각했어요.

Pendant ce temps, Asanyeo attendait Asadal et chaque jour elle priait Bouddha. Deux années d'attente s'écoulèrent sans recevoir une seule nouvelle de lui. Peu à peu, l'inquiétude l'envahit, ses pensées tissaient un labyrinthe dans lequel son esprit lentement s'enfermait.

– Comment-va-t-il ? Est-il malade ? N'a-t-il donc pas besoin de moi ? Est-il de retour ? se répétait-elle à longueur de journée.

Elle ne pouvait plus vivre dans le doute. Alors, un matin, elle décida de partir pour le retrouver. Elle marcha pendant deux semaines sans remarquer les magnifiques paysages autour d'elle. Elle oublia même l'existence de la soif et de la faim. La pauvre femme ne pensait qu'à hâter le pas dans l'espoir de retrouver Asadal le plus vite possible. Enfin, à bout de force, elle atteignit Seorabeol, la capitale. Se tenant à peine

debout, elle s'approcha du moine qui gardait le temple Bulguksa.

– Bonjour... Je suis la femme d'Asadal... Permettez-moi de le voir... Juste une fois, gémit la jeune femme.

– Non, c'est impossible ! répondit le bonze avec fermeté. Aucune femme ne peut entrer dans le temple pendant la construction des pagodes.

La pauvre femme réalisa que son amoureux était tout près d'elle mais inaccessible. Alors, son désir de le voir devint encore plus fort. Chaque jour, elle revint à la porte du temple pour écouter le son du marteau sur les ciseaux. Ainsi, elle sentait la présence de son amoureux et cela la consolait un peu.

Un jour, alors qu'elle était là, à écouter le martèlement régulier des outils, le moine gardien informa Asanyeo qu'il existait un endroit sacré et mystérieux d'où elle pourrait savoir quand son mari aurait terminé.

– Il y a un petit étang tout près. Quand la deuxième pagode sera achevée, elle s'y reflètera.

L'esprit vide, Asanyeo alla immédiatement vers l'étang. Elle voulait simplement revoir son mari sans plus souffrir.

– Je passerai mes journées dans cet endroit en attendant la fin de la construction. J'y reviendrai chaque jour du lever au coucher du soleil. Et au bout du compte, j'y retrouverai mon Asadal, pensa-t-elle.

그로부터 3개월이 지나갔어요. 평소보다 연못 근처에 더 오래 머물러 있었던 어느 날 저녁, 한 번도 보지 못했던 아름다운 달의 자취가 물속에서 나타났어요. 아사녀가 물 위에 나타난 달의 모습에 감탄하고 있을 때 갑자기 그녀는 달빛에 비춰진 아사달의 얼굴을 보았어요.

"아사달! 내 사랑! 당신인가요? 당신이 너무 보고 싶었어요! 당신 거기 있군요, 기다려요 제가 당신 곁으로 갈게요!"

아사녀는 아사달을 만지기 위해서 손을 뻗었어요.

아사녀는 넘어지며 풍덩! 하고 연못에 빠져버렸어요.

물의 표면에 큰 원이 만들어졌고 곧 연못은 언제 그랬냐는 듯 평온해졌어요.

다음날, 마침내 완성된 두 번째 탑은 절의 뜰 안에 똑바로 서있었어요. 두 번째 탑은 단순했지만 아름다웠고 다른 모든 요소들이 균형을 이루고 있었어요 아사달은 마땅히 기뻐해야 했지만 그는 멀리 떨어져있는 아사녀를 다시 보고 싶은 마음 뿐이었어요. 아사달이 보따리를 메고 길을 떠나려고 하자 절의 문 앞을 지키는 스님이 그를 멈춰 세웠어요.

"아사녀라는 이름의 여인이 당신을 몇 달 동안 기다렸습니다."

"아사녀요? 여기 불국사에서요? 그게 사실인가요?"

어안이 벙벙한 아사달이 물었어요.

"네. 연못의 가장자리를 살펴보세요."

아사달은 급히 연못으로 뛰어갔어요. 그의 마음속에는 기쁨과 걱정이 뒤섞였지요. 그가 연못 가장자리에 이르렀을 때, 아사녀는 없었어요. 단지 그녀의 신발이 물가에 있을 뿐이었죠. 모든 것을 이해한 아사달은 오열했어요.

"아사녀! 불쌍한 아사녀! 내가 예술에 미쳐 당신을 잊었구려. 이제부터는 예술도 생명도 소용없고, 다시는 당신 곁을 떠나지 않으리다. 나도 당신을 따라가겠소!"

아사달의 울부짖는 소리가 불국사 구석구석에 울려 퍼졌어요. 눈물은 그의 뺨을 타고 흘렀고 어떤 것도 눈물을 멈추게 할 수 없었어요. 그는 연못을 향해 나아갔어요. 한발 또 한발... 풍덩! 그는 연못에 몸을 던졌어요. 연못은 커다란 동심원이 일었으나 곧 잔잔해졌어요.

아사녀는 그의 남편이 만든 탑을 볼 수 없었어요. 이후 그림자가 비치지 않았던 석가탑을 '무영탑'이라 부르게 되었고, 이 부부의 애닯은 이야기와 함께 전해져 오고 있답니다.

Trois mois passèrent ainsi. Puis, un soir où elle s'était attardée près de l'étang plus que d'habitude, le reflet de la lune sur l'eau, aussi lisse qu'un miroir, se dessina plus beau que jamais. Plongée dans ses pensées, elle admira l'astre ainsi posé sur l'eau quand, soudain, elle vit le visage d'Asadal dans le reflet de la lune !

– Asadal ! Mon amour ! Est-ce bien toi ? Tu m'as beaucoup manqué ! tu es là ! Attends, je viens vers toi !

Elle tendit la main pour toucher son amoureux et plouf ! Elle tomba ! Un grand rond rida la surface de l'eau, et l'instant d'après, l'étang reprit sa tranquillité.

Le jour suivant, la deuxième pagode, enfin achevée, se dressait pure et droite dans la cour du temple. Asadal aurait dû être heureux car cette seconde pagode, aussi simple fut-elle, surpassait en beauté et en équilibre toutes les autres. Mais le seul sentiment, qu'il éprouvait, était de la tristesse, parce qu'Asanyeo était loin de lui. Il voulait de tout son cœur la revoir. Asadal jeta sa besace par-dessus son épaule, résolu à se mettre en route, mais à la porte du temple, le moine gardien l'arrêta.

– Une femme, qui s'appelle Asanyeo, vous attend depuis quelques mois...

– Asanyeo ? Ici à Bulkuksa ? Est-ce bien vrai ? demanda le tailleur stupéfait.

– Oui, tu la trouveras au bord de l'étang, un peu plus bas derrière le temple.

Submergé par l'émotion, Asadal courut vers l'étang. Dans son cœur, un profond bonheur se mêlait à un sentiment d'inquiétude. Il s'approcha au bord de l'eau, personne ! D'Asanyeo, il ne restait que ses sandales sur la rive... Le tailleur comprit tout et éclata en sanglots :

– Asanyeo ... Ma pauvre Asanyeo ... Où es-tu ? Qu'importe l'endroit, je te suivrai !

Le cri déchirant d'Asadal résonna dans chaque coin de Bulguksa. Les larmes ruisselaient sur ses joues et rien ne pouvait les arrêter. Il fit un pas vers l'étang, puis encore un autre, et un de plus encore ... Plouf ! Il tomba ! Un grand rond rida la surface de l'eau, et l'instant d'après, l'étang reprit sa tranquillité.

Jamais Asanyeo ne vit la pagode de son mari, c'est pourquoi, on la nomme Seokgatap : la pagode sans ombre. Depuis, on raconte que les amoureux peuvent entendre, près de Seokgatap, les tristes pleurs des deux amoureux.

수덕사 설화
La légende du temple de Sudeoksa

Récit raconté et mis en forme par Choi Yoon-sun(최윤선)
Kim Yeon-a(김연아) Lee Pu-reum(이푸름) Choi Yoon-sun(최윤선)
Illustrations Kim Kyoung-rang(김경랑)

아주 오랜 옛날, 어느 부유한 집안에 수덕도령이라는 청년이 있었는데, 그는 사냥을 매우 좋아했어요.

어느 날 아침, 평소와 다름없이 수덕은 하인들을 거느리고 숲으로 향했어요. 숲에 다다르자, 커다란 노루 한 마리가 갑자기 나타나 그들 앞을 뛰어갔어요. 수덕과 그의 하인들은 그 노루를 잡으려고 함성을 내지르며 말을 몰았어요. 활쏘기에 매우 능했던 수덕은 무리의 앞에서 내달렸지요.

노루를 막다른 길에 몰아넣자, 하인들이 일제히 외쳤어요.

"도련님, 어서 쏘세요!"

하지만 놀랍게도, 수덕은 활시위를 당기지 않고 노루가 뛰어가게 내버려두는 것이었어요! 그가 노루 곁에서 달려가는 한 젊은 여인을 보았기 때문이었는데, 너무나도 아름다워 넋을 놓고 바라보았죠.

노루는 수풀 속으로 사라졌고, 여인은 수덕 앞에 멈춰 서서 굳은 표정으로 그를 쳐다보았어요. 수덕은 그녀에게 말을 걸고 싶었으나, 양반이라는 신분 때문에 그녀에게 그렇게 할 수가 없었지요. 결국 수덕은 체면을 지키기 위해서 하인들에게 집으로 돌아가자고 말할 수밖에 없었어요. 그가 다시 그 여인을 보기 위해 고개를 돌렸을 때, 그녀는 어디론가 사라진 뒤였어요. 수덕은 겉으로는 아무렇지도 않은 척 했지만, 갑작스럽게 등장했던 여인의 모습에 가슴이 두근거리는 것을 느꼈어요. 그 여인은 그가 본 사람 중 가장 아름다운 여인이었기 때문이었죠.

Au temps où les tigres fumaient la pipe, Sudeok, un jeune homme de bonne famille adorait la chasse. Un matin, comme à son habitude, Sudeok partit dans les bois avec ses gens. Quand ils arrivèrent dans la forêt, un gros chevreuil surgit brusquement devant lui. Sudeok et sa suite lancèrent leurs chevaux en criant d'excitation car ils avaient levé un beau gibier. Sudeok, qui excellait à l'arc, prit la tête de la troupe. Quand l'animal fut acculé, les domestiques clamèrent :

– Tirez Monseigneur, tirez !

Mais étonnamment, Sudeok ne décocha pas sa flèche et laissa passer sa proie. Il avait vu une belle jeune fille courir joyeusement aux côtés du chevreuil, et cette vision l'avait complètement décontenancé.

Le chevreuil disparut, la jeune fille se tenait devant lui, son regard glacé planté dans le sien. Sudeok aurait bien voulu engager la conversation avec cette fille, mais sa condition de jeune noble lui interdisait de lui adresser la parole. Alors, pour ne pas perdre la face, il ordonna à ses gens de rentrer au logis. Mais quand il se retourna vers la jeune fille, celle-ci s'était évaporée. Sudeok aurait bien voulu garder son sang-froid, mais confus par cette apparition soudaine, le jeune noble sentit son cœur se gonfler d'amour. C'était la plus jolie femme qu'il n'avait jamais vue.

그날 이후로 수덕은 모든 것에 흥미를 잃었고 그 어떤 것도 그의 관심을 끌지도, 재미있지도 않았어요. 그는 공부를 하면서도 도저히 집중을 할 수가 없었고, 오직 머릿속에는 숲 속에서 만난 여인만이 생각날 뿐이었어요. 그 여인을 알지 못했음에도 벌써 그리워졌어요. 수덕은 그녀에 대해 모든 것을 알고 싶었어요. 그 여인은 누구인가? 또 어디 사는가? 그래서 수덕은 서둘러 제일 나이가 많은 하인을 불러 그 여인에 대해 모든 것을 알아오라고 지시했어요.

조사를 마친 후, 늙은 하인은 수덕에게 돌아와 말했어요.

"그 낭자의 이름은 덕숭이며, 바로 옆 마을에서 부모를 여읜 채 혼자 산다고 합니다."

"바로 옆 마을에 살면서 어찌 그녀를 다시 보지 않고 살 수 있겠는가...!" 이미 사랑에 빠진 도령은 한숨지었어요.

"잠깐, 그게 다가 아닙니다."늙은 하인은 이렇게 덧붙였어요.

"사람들은 그 마을에서 덕숭이 가장 아름답고 가장 친절한 여인이라 하더군요."

"정말 완벽한 여인이군! 그녀와 결혼 해야겠어."

더 이상의 지체 없이 수덕은 그날 밤 덕숭 낭자의 초가집으로 찾아가 청혼을 하였어요. 하지만 낭자는 또렷한 목소리로 이렇게 말하는 것이었어요.

"송구스럽지만 소녀는 아직 혼인할 나이가 아니옵니다."

하지만 수덕은 닭 울음소리가 아침을 알릴 때까지 덕숭에게 결혼하자고 졸라댔고 결국 덕숭은 이렇게 답했어요.

"저와 정 결혼을 하고 싶으시다면 비명에 돌아가신 저의 아버지를 위한 큰 절을 한 채 지어주세요. 아버지의 혼을 위로해 드리고 싶어요."

Depuis ce jour, Sudeok perdit le goût des choses, plus rien ne l'amusait, plus rien ne l'intéressait. Il n'arrivait même plus à se concentrer sur ses études. La fille de la forêt était tout ce à quoi il pensait. Il ne la connaissait pas, mais elle lui manquait déjà. Il voulait tout savoir d'elle. Qui était-elle ? Où habitait-elle ? Alors, impatiemment, il demanda à son plus vieux domestique de se renseigner sur toutes les choses la concernant.

Après avoir mené son enquête, le vieux domestique revint vers Sudeok :

– Le nom de cette fille est Deoksung. C'est une orpheline qui habite dans un village tout près d'ici.

– Comment ai-je pu vivre ici sans jamais la rencontrer, soupira le jeune noble.

– Attendez, ce n'est pas tout, ajouta le vieux domestique. On raconte qu'elle est la plus belle et la plus gentille fille du village.

– Elle est donc parfaite ! Il me faut l'épouser.

Sans plus attendre, Sudeok se rendit la nuit même dans la chaumière de Deoksung pour lui demander sa main, ce qu'elle refusa tout net en prétextant simplement :

– Je suis désolée mais je ne suis pas encore prête pour le mariage.

Mais Sudeok la supplia jusqu'à ce que le coq du matin se mît à chanter. Deoksung lui fit, alors, une proposition :

– Si vous voulez vraiment m'épouser, construisez un temple à la mémoire de mon pauvre père, mort de mort violente. Son esprit a besoin d'être consolé.

그날부터, 수덕은 하인들에게 절을 지으라고 명했어요. 그에게는 하인들이 많았기 때문에 공사는 아주 빠르게 진행되었어요. 절을 짓는 내내 수덕은 덕숭이 완공된 절을 보며 매우 기뻐하는 모습을 상상했고 그녀와의 결혼이 머지않았음을 확신했어요.

겨우 한 달 만에 절은 완벽하게 지어졌고, 수덕은 이 소식을 기쁜 마음으로 덕숭에게 알렸어요. 하지만 그가 상상했던 바와는 달리 덕숭은 벌컥 화를 내는 것이었어요.

"절을 짓는 사람의 마음은 부처를 생각하는 마음으로 가득해야 하는데 도련님은 그렇지 않았기 때문에 이 절은 아무 의미가 없답니다! 여인을 향한 욕심을 버리셨어야지요."

그리고 덕숭은 절을 손가락으로 가리키며 부르짖었어요.

"저길 보세요, 저 불을! 도련님이 가진 부덕한 마음 때문이에요."

불이 너무나 거세어 수덕이 어떻게 손 써볼 새 없이 절은 새카맣게 타들어가 버렸어요. 수덕도령은 매우 낙담했지만, 다시금 새로운 절을 짓기로 마음먹었어요. 하지만 절이 지어지는 동안 수덕은 덕숭을 향한 마음을 떨쳐낼 수 없었어요. 결국 두 번째 절 역시 완성되는 순간 불타 없어져버렸지요.

결국 수덕은 세 번째 절을 짓기 시작했어요. 그는 필사적으로 잡념과, 특히 덕숭을 향한 욕망을 지우며 부처만을 생각하는데 온 힘을 쏟았어요.

마침내 그의 노력 덕분에 새로운 절은 그 어떤 절보다도 근사하게 지어졌어요. 수덕이 그녀의 아버지를 위한 절을 지어 그녀의 소원을 들어준 까닭에 덕숭은 마침내 그의 청혼을 받아들였어요.

A partir de ce jour, Sudeok ordonna à ses domestiques de construire un temple. Comme il avait beaucoup de domestiques, le temple fut construit en un rien de temps. Et durant toute la construction, le jeune noble pensait que Deoksung serait satisfaite. Il en était certain, leurs noces seraient pour bientôt.

En à peine un mois, la construction du temple fut complètement achevée. Sudeok annonça joyeusement à Deoksung la nouvelle. Mais contrairement à ce que Sudeok pensait, la jeune femme se mit en colère :

– Ce temple ne vaut rien car vous n'avez jamais pensé à Bouddha pendant sa construction ! Vous n'auriez pas dû penser uniquement à l'amour.

Puis, Deoksung pointa du doigt le temple, et cria :

– Regardez, il brûle votre temple ! Ce feu est la conséquence de vos vilaines pensées.

Le brasier était si fort que Sudeok, impuissant, ne put rien faire pour sauver le temple dévoré par les flammes. Le jeune noble était abattu, mais il décida de construire un nouveau temple. Cette fois-ci encore, Sudeok ne put détourner ses pensées de la belle Deoksung. Alors, à peine le deuxième temple construit, il brûla de nouveau.

Sudeok se remit à construire un troisième temple. Désespérément, il essaya de concentrer ses pensées vers Bouddha, en évacuant toutes ses autres pensées inutiles, et surtout son désir pour Deoksung.

Finalement, un nouveau temple s'éleva plus magnifique que jamais. Deoksung accepta enfin de se marier avec lui car, il avait fait de son souhait une réalité : construire un temple pour son père.

하지만, 수덕과 결혼을 했음에도 덕숭은 수덕에게 머리카락 한 올 만지는 것조차 허락하지 않았고 수덕은 이에 매우 마음이 상했어요. 어느 날 밤, 수덕은 인내심을 잃고 덕숭을 껴안으려 했어요. 그러자 갑자기 천둥소리가 울리며 문이 부서졌고 수덕은 방안에 홀로 앉아있었어요. 수덕이 앉아있는 장소는 바위로 변했고, 그 바위 위에는 덕숭이 신고 있던 버선과 닮은 꽃 한 송이가 피어있었죠. 덕숭은 버선만 남기고 사라져버린 것이죠.

Cependant, bien qu'elle acceptât de se marier avec lui, elle ne lui permit pas de la toucher, pas même à un seul de ses cheveux. Sudeok en était profondément affecté. Une nuit, il perdit patience et essaya de l'embrasser. Tout-à-coup, le tonnerre gronda, la porte se brisa et Sudeok se retrouva seul. L'endroit, où il était assis, s'était transformé en rocher, et sur ce rocher, une fleur toute semblable aux chaussettes de Deoksung poussa. Deoksung avait disparu ne laissant que ses chaussettes.

후에 사람들은 덕숭 낭자가 속세에 와서 살다간 관음보살이었다며 말하곤 했어요. 덕숭 낭자의 집이 있던 그 산은 '덕숭산'이라 이름 붙여졌고, 절은 수덕도령이 지었다 하여 그 이름을 따'수덕사'라 불리게 되었답니다.

Plus tard, les gens dirent que Deoksung était la déesse bouddhiste de la miséricorde qui était venue vivre dans le monde terrestre. La montagne, où il y avait la maison de Deoksung, porte désormais son nom et le temple a été nommé Sudeoksa, du nom de celui qui l'avait construit.

17 Hanyang (한양, 漢陽) est l'ancien nom de Séoul lors de la période *Joseon* (1392 à 1910).

18 Inspecteur royal secret ou *amhaengeosa* (暗行御史, 암행어사) était à l'époque Joseon un haut fonctionnaire qui contrôlait l'activité des gouverneurs de province et protégeait la population coréenne contre les fonctionnaires royaux corrompus.

천안 삼거리의 능수버들 이야기

L'histoire de Neungso et les trois routes de Cheonan

Récit raconté et mis en forme par Park Na-yeon(박나연)
Park Yae-eun(박예은) Ji Ha-yan(지하얀) Song Su-min(송수민)
Illustrations No Byoung-soon(노병순)

아주 오래전에 천안은 소박한 마을이었어요. 그 마을의 능소라는 여자아이의 가족은 매우 가난하여 힘겹게 살았어요. 어머니께서는 일찍 돌아가셨고, 일자리는 마땅치 않았어요. 그녀의 아버지는 일을 하기 위해 이 지역을 떠나기로 결심했어요. 떠나기 전에, 삼거리 교차로에서 아버지는 5개의 버드나무 가지를 심었어요. 그리고 어린 딸 능소를 안아 올리며 말했어요.

"딸아, 돈을 벌기 위해서 나는 떠나야만 한단다. 하지만 이 버드나무가 자라면 내가 너를 보러 꼭 다시 돌아올 거야."

아버지는 어린 딸을 이웃에게 맡기고는 짐 보따리를 어깨에 들춰 메고 길을 나섰어요. 가여운 능소는 남서쪽으로 멀리 사라지는 아버지의 모습이 보이지 않을 때까지 뜨거운 눈물을 뚝뚝 흘렸어요. 그날부터 능소는 아버지가 심어놓은 버드나무 가지만 바라보며 아버지가 빨리 돌아오기만을 바랐지요. 버드나무가 빨리 자라면 아버지가 돌아온다는 것이 그녀의 유일한 희망이었어요.

Il y a fort longtemps de cela, la ville de Cheonan n'était qu'un simple village. Les temps y étaient durs pour la famille de la petite Neungso. Sa mère était morte et le travail se faisait rare. Son père s'était résolu à quitter la région pour louer ses bras. Avant de partir, à la croisée de trois chemins, le père planta cinq brins d'osier et prit la petite Neungso dans ses bras :

– Ma fille, nous n'avons plus d'argent, il me faut partir. Mais quand l'osier sera grand, je reviendrai vers toi.

Le père confia la petite Neungso à une voisine, cala son baluchon sur son épaule et prit la route. La pauvre Neungso pleura à chaude larme lorsque la silhouette de son père s'effaça au loin vers le sud-ouest. A partir de ce jour, elle n'eut yeux que pour les brins d'osier plantés par son père. Elle les tressa au fur et mesure qu'ils poussaient, c'était là son seul espoir de revoir un jour son pauvre père.

몇 년이 흐르고 어린 능소는 자라 어여쁜 아가씨가 되었어요. 버드나무 가지는 오랫동안 자라 줄기는 멋지게 휘어졌어요. 힘없는 버드나무 가지는 어느새 크게 자랐지만 아름다운 능소의 아버지는 돌아오지 않았어요.

Les années passèrent, la petite Neungso grandit et devint une très belle jeune femme. La tresse d'osiers s'était, au fil des ans, jointe en un magnifique tronc tortueux. Les frêles tiges d'osier s'élevaient maintenant en un magnifique saule pleureur, mais le père de la belle Neungso n'était pas revenu.

어느 봄날의 아침, 아름다운 능소는 그녀의 방 문 앞에서 쓰러져있는 젊은 남자를 발견했어요. 그는 상처를 입어 피를 많이 흘렸고 거의 죽을 지경이었어요. 능소는 주저하지 않고 방 안으로 끌고 들어와 따뜻한 바닥에 이불을 깔고 남자를 눕혔어요. 상처를 치료해주다가 그녀는 그 젊은 남자의 외모에 사로잡혔어요. 능소는 이제껏 그토록 잘생긴 남자를 만나본 적이 없었던 거예요. 그녀는 부엌으로 가서 그를 위해 원기회복을 돕는 약초들로 탕약을 준비했어요.

그녀가 잘 보살펴준 덕에 현수라는 이름의 이 젊은 남자는 몇 주 만에 기운을 회복했어요. 짧은 시간이었지만 현수와 능수사이에는 사랑하는 마음이 생기게 되었어요.

"빛처럼 아름다운 선녀가 나를 살리기 위해 나를 보살폈고, 그 마음이 내게 전해졌어요. 그녀는 내 이마에 숨을 불어넣고 치료해주었어요. 난 그녀를 영원히 사랑할 거예요" 라고 젊은 남자는 속삭였어요.

"나는 내 방 문턱에서 쓰러져있는 사랑을 발견했어요. 내가 할 수 있는 한 최선을 다했고 지금 내 심장은 그에게 묶여있어요." 능소가 속삭였지요.

Un matin de printemps, la belle Neungso découvrit un jeune homme gisant à sa porte. Le garçon blessé avait perdu beaucoup de sang et était à l'agonie. La belle Neungso n'hésita pas une seconde, elle tira le pauvre garçon jusque dans sa chambre et l'installa dans des couvertures, là où le plancher était le plus chaud. Lorsqu'elle pansa ses blessures, elle fut frappée par les traits fins du jeune homme. Elle n'avait jamais rencontré un garçon d'apparence aussi douce. Puis, elle fila à la cuisine pour lui préparer une décoction de plantes fortifiantes.

Grâce à ces bons soins, Hyeon-soo, car c'est ainsi que le jeune homme s'appelait, fut remis sur pied en à peine quelques semaines. Mais, aussi court fut ce temps, il avait suffi pour tisser un sentiment profond et sincère entre Hyeon-soo et Neungso.

– La vie me quittait, soupira le jeune homme, quand une bonne fée, plus belle que le jour, s'est penchée sur moi pour me sauver. Elle a posé son souffle sur mon front et m'a guéri. Je l'aimerai à jamais.

– J'ai trouvé l'amour gisant sur le pas de ma porte, je l'ai soigné du mieux que j'ai pu et maintenant mon cœur s'y est attaché, murmura la belle Neungso.

불행하게도 이들이 사랑할 수 있는 기간은 짧았어요. 현수는 길을 떠나야만 했던 거예요. 그는 과거시험을 치르러 가는 것이었지요. 그에게 닥친 사고는 시간을 몹시 지연시켰고 지체할 새 없이 당장 서둘러야만 했어요. 떠나려 할 때 슬픔에 빠진 현수는 그의 목표를 포기하고 능소 곁에 남고 싶었어요. 하지만 아름다운 능소가 그를 달랬지요.

"시험에 꼭 통과하세요." 능소가 부탁했어요. "당신이 시험에 붙으면, 가족들이 모두 행복해질 거예요."

"좋아! 한양으로 갈 거예요." 현수가 대답했어요. "하지만 시험에 합격하는 대로 바로 천안으로 돌아올 거예요."

현수는 짐 보따리를 어깨에 둘러메고 북쪽으로 떠났어요. 아름다운 능소는 저 멀리 그의 모습이 보이지 않을 때까지 눈물을 흘렸어요. 그렇게 그녀는 아버지의 버드나무가 있는 삼거리로 가서 그 옆에 다섯 개의 새로운 버드나무가지를 심었어요. 그날부터 그녀는 그 버드나무가지만을 바라보았어요. 그 가지들은 그녀의 사랑이 언젠가 돌아올 것이라는 희망과도 같았으니까요.

장마철의 어둡고 우중충한 하늘아래 현수는 슬픈 마음으로 걸어가고 있었어요. 그의 마음은 온통 아름다운 능소가 기다리고 있는 천안에 가 있었지요. 꾀꼬리가 노래하자 그는 그 새의 노래를 들으며 능소를 향한 그리움에 휩싸였고 마음은 더욱 무거워졌어요. 갑자기 소나기가 구름을 뚫고 쏟아졌고 그 비는 눈물과 함께 섞여 흘렀어요. 한양으로 가는 길은 상상도 못할 만큼 훨씬 더 길었지요.

한양에 도착한 그는 공부에 전념했어요. 책만이 그에게 위로가 되었어요. 혹시라도 그가 시험에 낙방했을 때 어떻게 천안으로 돌아갈 수 있을지 생각하니 막막했어요.

Malheureusement, leur idylle fut de courte durée. Hyeon-soo devait reprendre sa route. Le jeune homme était venu par la route du sud-est, et devait poursuivre son chemin vers le nord, où la route le mènerait à Hanyang[17], l'ancienne capitale. Il s'y rendait pour passer les examens de fonctionnaire. Son accident l'avait terriblement retardé, et il devait maintenant se hâter sans plus perdre de temps.

Au moment de partir, la mort dans l'âme, le jeune homme voulut renoncer à son projet et rester auprès de son amour. Mais la belle Neungso le conseilla :

– Vous devez passer l'examen, insista-t-elle, si par bonheur vous réussissez, vous rendrez votre famille heureuse.

– Soit ! répondit le jeune homme, j'irai à Hanyang, mais dès que j'aurai passé ces examens, je reviendrai à Cheonan.

Hyeon-soo cala son baluchon sur son épaule et prit la route du nord. La belle Neungso pleura à chaude larme lorsque la silhouette de son amoureux s'effaça au loin. Alors, elle se rendit à la croisée des trois chemins. Là, à côté du saule de son père, elle planta cinq nouveaux brins d'osier qu'elle tressa ensemble. A partir de ce jour, elle n'eut yeux que pour ces brins d'osier. C'était là son seul espoir de revoir un jour son amoureux.

Sous le ciel lourd et sombre de la mousson, le jeune homme marchait sans joie, toutes ses pensées étaient tournées vers Cheonan, où l'attendait la belle Neungso. Un loriot chantait, et à l'écoute du triste chant de l'oiseau jaune, la nostalgie le submergea, son cœur s'alourdit davantage. Une averse creva soudain les nuages noirs et la pluie se mêla à ses larmes. La route vers Hanyang serait bien plus longue qu'il ne l'avait imaginé.

Arrivé à la capitale, il se plongea dans l'étude. Seuls les livres lui apportaient un maigre réconfort. Et surtout, il ne voyait pas comment il pourrait revenir à Cheonan s'il échouait aux examens.

다행히도 현수는 문제없이 예비시험에 통과했고 이듬해 정부의 과거시험에서 일등으로 합격했어요. 지방에서 온 젊은이가 그토록 훌륭하게 시험에 통과하자 왕은 열렬히 축하하며 지방 관리들의 행실을 관리하는 암행어사로 임명했지요.

왕의 비밀스런 임무를 수행하기 위해 거지로 변장한 현수는 누더기 옷 속에 마패를 집어넣고 천안으로 향했어요. 마을에 도착하자 그가 이전에 천안에 머무르는 동안 알던 모든 사람들이 그를 놀려댔어요. 더러운 누더기 옷 때문에 사람들은 그가 과거시험에 비참하게 낙방했다고 확신했던 것이죠.

아름다운 능소가 그의 애인이 돌아왔음을 알고 사방으로 그를 찾으러 다녔어요. 그리고 마침내 시장근처 쓰레기더미 옆에서 그를 찾았어요. 그에게 붙어있는 오물에 개의치 않고 능소는 그에게 다가갔어요.

"오! 당신이 얼마나 보고 싶었는지 몰라요." 그녀가 울면서 말했어요.

"나는 이렇게 초라한 사람일 뿐이에요! 어떻게 당신은 나를 아직도 사랑할 수 있는 거죠?" 현수가 탄식하며 말했어요.

"당신이 왕자이든 거지이든, 당신의 신분은 중요하지 않아요. 내 심장은 당신만 바라봐요. 저희 집으로 오세요. 제가 당신을 보살필 거예요. 가진 것은 별로 없지만 당신과 함께 나누겠어요." 아름다운 능소가 대답했어요.

"아니, 아직은 일러요! 이틀만 기다려주세요. 모든 게 확실해질 거예요." 현수가 말했어요.

그는 아직 비밀을 털어놓을 수 없었던 것이에요. 하지만 이틀 후 모든 일이 해결되고 난 후 현수는 모든 사람들 앞에서 마패를 보이며 그의 진짜 신분을 밝힐 수 있었지요. 그가 암행어사라는 것을요!

Heureusement, Hyeon-soo passa sans problème les épreuves préliminaires. Puis l'année suivante, il fut reçu premier au concours de fonctionnaire gouvernemental. Le roi, surprit qu'un jeune homme de province puisse réussir si brillamment, le félicita très chaleureusement et pour récompenser sa réussite, il le nomma inspecteur royal secret[18], chargé de contrôler l'activité des gouverneurs de province. Comme Hyeon-soo était jeune et inconnu de tous, il pourrait aisément accomplir ces missions secrètes.

Hyeon-soo, déguisé en mendiant, glissa le médaillon avec le sceau royal d'inspecteur secret sous ses haillons et reprit la route de Cheonan. Quand il arriva en ville, tous ceux qui l'avaient croisé durant son précédent séjour le raillèrent. Avec ses sales guenilles, il était certain que le jeune homme avait lamentablement échoué aux examens royaux.

Quand la belle Neungso apprit que son amoureux était de retour, elle le chercha partout, et finit par le trouver à côté d'un tas d'immondices près du marché. Sans prendre garde à la crasse qui collait au jeune homme, elle se jeta à ses pieds :

– Ohhhh … Hyeon-soo, Hyeon-soo ! Vous m'avez tellement manqué, pleura-t-elle.

– Je ne suis qu'un misérable ! Comment pouvez-vous m'aimer encore, se lamenta le jeune homme.

– Qu'importe votre rang, que vous soyez prince ou mendiant, mon cœur vous appartient. Venez chez moi, je m'occuperai de vous et je partagerai le peu que j'ai avec vous, répondit la belle Neungso.

– Non, il est trop tôt ! Attendez encore deux jours, supplia le jeune homme, et la lumière sera faite.

Il ne pouvait dévoiler son secret. Mais deux jours plus tard, dès l'affaire résolue, il brandit devant tout le monde le médaillon avec le sceau royal, révélant ainsi sa vraie identité : il était inspecteur royal secret !

두 사람의 결혼식을 위하여 성대한 잔치가 벌어졌어요. 이들 부부는 검은 머리가 파뿌리가 될 때까지 오랫동안 행복하게 살았답니다.

천안 삼거리를 방문하는 모든 사람들은 아직까지 오래된 두 버드나무를 볼 수 있어요. 꾀꼬리들이 매년 봄마다 둥지를 틀고, 그들의 노래는 여행객들로 하여금 능소와 현수의 이야기 같이 감미로움을 느끼게 한답니다.

Pour la noce des deux amoureux, une fête magnifique fut organisée. Le couple vécut longtemps heureux, jusqu'à ce que leurs cheveux prennent la teinte des racines de ciboules.

À la croisée des trois routes de Cheonan, le visiteur curieux peut encore observer deux vénérables saules. Des loriots y nichent à chaque printemps, et leur chant évoque aux voyageurs la douce mélancolie de la nostalgie.

Direction du projet : Rodolphe Meidinger
Coordination générale : Ko Bongman et Lim Jaeil
Correction du coréen : Jee Joo-hae
Correction du français : Estelle Banc, Marine Blandin, Mégane Bouniol, Anaëlle Chicane, Clarisse Commauche et Jessy Escande
Direction graphique : Shin Dong-ho
Couverture : Marcela Dvořáková

백일홍 이야기
Le lilas des cent jours
Récit raconté et mis en forme par : Kim Min-sung(김민성)
Ryu Ah-reum(류아름) Jung Da-eun(정다은)
Lee Go-eun(이고은)
Illustrations : Kim Il-hwan(김일환)

도미 부인
La femme de Domi
Récit raconté et mis en forme par : Seo Da-lae(서다래)
Lee Ji-eun(이지은) Yoon Hyo-jin(윤효진)
Kim Ha-yeong(김하영)
Illustrations : Kim Yeong-hee(김영희)

곰마루 전설
L'histoire de la rivière Gomnaru
Récit raconté et mis en forme par : Jo Ha-young(조하영)
Han Ye-ji(한예지) Lee Seon-gyeong(이선경)
Lim Nam-hee(임남희)
Illustrations : Marcela Dvořáková (마르셀라 드보라코바)

오누이 설화
La légende du frère et de la soeur
Récit raconté et mis en forme par : Kim Seok-hyeon(김석현)
Lee Hye-hyeong(이혜형) Oh Se-ra(오세라)
Song Su-min(송수민)
Illustrations : Park Jung-sun(박정순)

서동과 선화 공주
Seo-Dong et la princesse Sun-Hwa
Récit raconté et mis en forme par : Ji Jun-young(지준영)
Oh Seul-bi(오슬비) Jo Moo-ghang(조무강)
Oh Ju-gyeong(오주경)
Illustrations : Jeo Seon-boon(조선분)

아사달과 아사녀
Asadal et Asaneyo
Récit raconté et mis en forme par : Дарья Самусенко(다리야 사무센코) Lee Seung-hoon(이승훈) Kang Hye-min(강혜민)
Illustrations : Ji Jeong-ja(지정자)

수덕사 설화
La légende du temple de Sudeoksa
Récit raconté et mis en forme par : Choi Yoon-sun(최윤선)
Kim Yeon-a(김연아) Lee Pu-reum(이푸름)
Choi Yoon-sun(최윤선)
Illustrations : Kim Kyoung-rang(김경랑)

천안 삼거리의 능수버들 이야기
L'histoire de Neungso et les trois routes de Cheonan
Récit raconté et mis en forme par : Park Na-yeon(박나연)
Park Yae-eun(박예은) Ji Ha-yan(지하얀)
Song Su-min(송수민)
Illustrations : No Byoung-soon(노병순)

충청 환상동화 1

저자.	충북대학교 프랑스언어문화학과
발행처.	충북대학교 출판부
발행인.	김수갑
주소.	28644 충북 청주시 서원구 충대로 1
전화.	043)261-2952, 3014
팩스.	043)274-1256
이메일.	presscbu@chungbuk.ac.kr
등록.	제1983-2001-7호
초판1쇄.	2018.11.26
인쇄처.	삼성디자인기획
편집디자인.	오브(김미진, 박슬아)

ISBN 978-89-7295-478-1 04810(세트)
978-89-7295-479-8 04810

값 15,000원 (15,000 WONS)

이 책은 충북대학교 대학인문역량강화사업단의 3차년도(2018년) 사업 예산지원을 받아 출판되었음.